랜드로드 가이드 Vol.1:
리모델링

LANDLORD GUIDE Vol.1:
THE RENOVATION

KB213408

ZERO TO N

LANDLORD GUIDE Vol.1: THE RENOVATION

여는 글

먼저, 《랜드로드 가이드 Vol.1: 리모델링》을 펼쳐주신 독자 여러분께 진심으로 감사의 말씀을 전합니다. 저는 지난 10년 이상 서울에서 건설·부동산 개발 분야에 종사하며 설계, 토지 매입, 건설 등 전 과정을 직접 경험해왔습니다. 특히, 서울 강남 지역에서의 경험을 통해 얻은 노하우와 통찰은 저의 소중한 자산입니다. 이러한 경험을 바탕으로, 부동산 개발을 꿈꾸는 독자에게 실질적이고 유용한 정보를 제공하고자 그간의 경험을 책으로 엮어 소개하게 되었습니다.

부동산 개발은 레버리지를 활용하여 적은 자본으로도 큰 기회를 만들 수 있는 분야입니다. 적절한 전략과 계획을 세운다면, 상대적으로 적은 자본으로도 큰 수익을 얻을 수 있는 거대한 잠재력을 가지고 있습니다. 제로투엔 또한 크지 않은 자본금으로 시작해, 전략적인 리모델링과 개발을 통해 실제로 상당한 성과를 이뤄낸 사례를 가지고 있습니다. 물론, 이와 같은 기회를 잘못 활용할 경우에는 큰 손실을 볼 수 있는 위험도 동반합니다. 따라서 철저한 준비와 정확한 정보가 필수적입니다.

오늘날 부동산 관련 정보는 그야말로 홍수같이 넘쳐나고 있습니다. 책, 전자책, 블로그, 유튜브, SNS 등 다양한 매체를 통해 그 어느 때보다 많은 정보를 접할 수 있지만, 이처럼 난무하는 정보는 때론 혼란을 초래할 수 있습니다. 사실과 다른 정보나 특정 상황에 맞지 않는 조언을 하거나 비전문가가 전문가인 척 눈길을 끄는 말로 현혹하는 경우도 많습니다. 때문에 많은 분들이 적절한 판단을 내리기 어려워하는 모습을 보았습니다. 이와 같은 과다한 정보 속에서 올바른 판단을 내리기 위해서는 기본

이 되는 '뼈대 지식'이 그 어느 때보다 중요합니다. 《랜드로드 가이드》는 가장 중요한 지식의 뼈대를 굳건히 세우는 좋은 지침서가 될 겁니다.

특히 최근에는 리모델링에 대한 관심이 급증하고 있습니다. 부동산 경기뿐 아니라 산업 전반의 성장동력이 활력을 잃으며 리모델링에 대한 문의가 많아지고 있으며, 서울 내 노후 건물이 증가함에 따라 앞으로 리모델링 수요는 더욱 커질 것으로 예상됩니다. 한마디로 큰 흐름에서 한국도 피해갈 수 없는 대세가 된 것입니다. 리모델링은 신축과 대비하여 더 적은 비용과 짧은 시간 안에 토지와 건물의 가치를 올릴 수 있는 좋은 방법입니다. 이러한 상황에서 리모델링과 관련된 정보가 상대적으로 부족하다는 점에 주목하며, 이 책을 통해 신뢰할 수 있는 지식의 뼈대를 제공합니다. 제로투엔은 강남 역세권에 직접 건물을 매입하고 리모델링을 통해 사옥을 운영하며, 토지 매입, 설계, 시공, 프로젝트 금융 등 모든 과정을 진행하고 있습니다. 이러한 경험을 바탕으로, 독자 여러분께 실질적이고 신뢰할 수 있는 정보를 제공할 수 있다고 자신합니다.

마지막으로, 저희가 지금까지 프로젝트를 통해 만났던 많은 건축주에게 감사의 말씀을 전합니다. 여러분의 신뢰와 지원 덕분에 100건이 넘는 프로젝트를 성공적으로 수행할 수 있었습니다. 그동안의 경험과 노하우를 바탕으로, 앞으로도 많은 분들께 실질적 도움이 되는 정보를 제공하고자 계속해서 노력할 것입니다. 이 책이 여러분의 부동산 개발 여정에 유익한 길잡이가 되기를 바라며, 올바른 정보와 지식을 통해 성공적인 프로젝트를 이루어나가시길 기원합니다. 감사합니다.

임지환

CONTENTS

04 여는 글

01 리모델링, 상업용 부동산의 판도를 뒤집다

10 강남을 뒤흔든 '이것' 신드롬

18 리모델링이 트렌드가 된 '진짜' 이유

36 신축 Vs. 리모델링 선택 기준

50 리모델링 시장에서 블루오션이란 기회

60 내 건물에 딱 맞는 리모델링 최적점 알기

70 실전 리모델링 1: 리모델링 결심 전 체크리스트

02 설계 전, 돈 버는 기획 먼저

74 도심 속 다이아몬드를 찾는 법

88 리스크를 기회로 바꾸는 계약 기술

102 건물의 가치를 좌우하는 1평의 발견

114 수직 증축 Vs. 수평 증축 선택 기준

124 매출을 키우는 설계 디테일

138 실전 리모델링 2: 부동산 매매 계약 전 체크리스트

03 계약 전, 최선의 협력자를 가려내는 안목

142 전문가는 설계사에게 '이것'을 묻는다

150 전문가는 시공사에게 '이것'을 확인한다

158 잔금 전에 확인해야 할 골든 룰

168 늘 그랬듯 시간이 돈이다

176 실전 리모델링 3: 리모델링 인허가 핵심 체크리스트

04 착수 전, 기초는 자금 흐름 설계

180 수익률은 사실 많은 것을 말하고 있다

200 금융기관에서 마감재 선택까지 머니 로드맵

208 돈은 이렇게 아껴야 한다

05 AI와 최신 기술이 바꾸는 리모델링 시장

216 리모델링 시장의 아킬레스건

224 스마트테크, 게임체인저의 등장

230 기획, 설계, 시공, 인테리어, 운영까지 원스톱 솔루션

246 실전 리모델링 4: 리어(REER) 활용 팁

01

리모델링, 상업용 부동산의 판도를 뒤집다

강남을 뒤흔든 '이것' 신드롬

**토지와 건물의 가격은
어떻게 정해질까요?**

정답은 >

현금 흐름(Cash Flow) × 1/자본환원율(Cap Rate)*
주식 가격을 측정할 때 '이익금 × PER**'를
기본 공식으로 하듯 부동산과 건물의 기초 가격을 계산하는
가장 간단하고 공고한 공식입니다.

2013년에 처음 설계사무소를 차리고 우연히 서울 강남에서 첫 건축 작업을 시작했습니다. 첫 작업인 만큼 정성을 다하여 진행했고 건축주의 기대를 충족해 나름 성공적으로 마무리했습니다. 그 덕분에 강남 일대에서 비슷한 니즈를 가진 프로젝트를 계속 수행하게 되었습니다. '노른자 땅'이라고 불리는 강남이다 보니 건축주 대부분은 자산가치를 높일 수 있는 설계를 요청하셨죠. 건축주로서의 목표인 '수익성'과 건축가로서의 목표인 '작품성'까지 갖춘 건축은 어떤 모습일까, 어떻게 만들 수 있을까 하는 질문을 10년이 넘도록 꾸준히 묻고 답하는 여정이었습니다.

　수익성과 작품성, 이 두 마리 토끼를 잡을 수 있는 지점으로 저는 '임대료'를 바라봤습니다. 생각해 보신 적 있습니까? 토지

와 건물의 가격은 어떻게 형성되는 걸까요? 여기에는 기본 공식이 있습니다.

$$현금 흐름(Cash Flow) \times 1/자본환원율(Cap Rate)^*$$

물론 숱한 상황과 여건, 심리적 요인도 가격 형성에 영향을 미치나 이는 주식 가격을 측정할 때 '이익금 × PER**'를 기본 공식으로 하듯 부동산과 건물의 기초 가격을 계산하는 가장 간단하고 공고한 공식입니다. 이러한 배경에 따라 '어떻게 하면 월세를 좀 더

* 자본환원율이란 Capitalization Rate의 약자로, 부동산 투자의 수익성을 나타내는 지표입니다. 연간 순수익을 부동산 가치로 나누어 계산하는데, 예를 들어, 5억 원 상가에서 연 2,500만 원 순수익 시 자본환원율은 5%입니다[(2,500만 원/5억 원) × 100%].

** PER이란 Price-Earning Ratio의 약자로, 주가수익비율을 뜻합니다. 특정 주식의 주당 시가를 주당 이익으로 나눈 수치로, 주가가 1주당 수익의 몇 배가 되는지를 나타냅니다.

올릴 수 있을까', '월세를 올리는 디자인 방향이 무엇일까'를 주제로 다양한 건축 기법을 연구했습니다. 그 결과 작품성이 있는 멋진 공간이 월세를 올린다는 현상을 목격했고 이 관점을 프로젝트에 유연하게 적용하며 건축 작업을 하고 있습니다.

일반적으로 임대료는 '전용면적 × (평당 임대료 시세 +α)'로 이루어집니다. 평당 임대료 시세는 지역적 특성에 따라 정해지지요. 즉, 임대료란 입지의 특성에 영향을 많이 받는 것입니다. 건축 계획의 영역과는 조금 거리가 있죠. 그러므로 선행 인자 '전용면적'을 최대한 크게 만드는 것이 수익성을 올리는 건축 계획의 기본이자 시작이라 할 수 있습니다. 마지막으로 뒤에 있는 '+α'도 주목해야 합니다. 개별 공간의 특수성에 맞춘 +α는 감성적이면서 질적인 부분입니다. 그렇다면 '감성'이라는 형이상학적 가치가 월세라는 경제적 가치에 직접적인 영향을 줄 수 있

을까요? '가격은 희소성에 근거하며, 희소성은 사람들의 선호도를 기초로 한다'는 경제의 기본 원리에 그 답이 있습니다. 사용자 입장에서의 감성적인 부분이 선호도에서 꽤나 크게 작용합니다. 사무실을 예로 들어보겠습니다.

사무실을 구할 때는 우선, 적정 면적을 봅니다. 직원 인원수를 고려하여 적정 크기를 산정하고 적정 위치를 정할 테지요. 이후 크게 두 가지를 따질 겁니다. 하나는 영업의 관점에서 클라이언트가 방문했을 때 사업 수주에 얼마나 도움이 될 것인가, 두 번째는 인재의 관점에서 직원 채용과 유지에 얼마나 도움이 될 것인가. 앞서 언급한 적정 크기와 적정 위치 내에서 여러 후보군을 볼 때, 위 두 요소에 긍정적으로 작용할 만한 디자인이나 환경에 따라 선호도가 갈릴 테지요. 누가 봐도 마음이 가는 공간은 그 임대료도 자연스레 올라가게 됩니다.

그래서 강남은 특히 $+\alpha$의 감성적인 부분이 중요합니다. 그리고 이러한 니즈를 종합적으로 만족하는 가장 확실한 무기는 바로 '새것'이라는 것입니다. 새 차, 새 옷이 주는 설레임처럼 '새 건물'은 여러모로 높은 기대감을 주죠. 그렇기에 도시 곳곳에, 특히 강남에 새 건물이 들어서고 높은 임대료가 형성됩니다.

건설공사비지수 추이

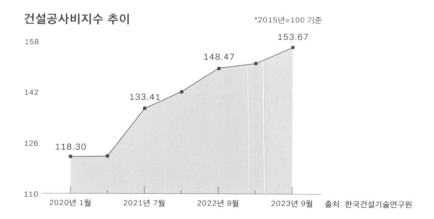

*2015년=100 기준

출처: 한국건설기술연구원

부동산 개발을 한 문장으로 정의하면 '현재의 낮은 토지 가치를 미래의 높은 가치로 바꾸는 과정'이라고 봅니다. 여기서 말하는 '바꾸다'에는 신축 개발과 리모델링 개발이 모두 속하죠. 그리고 이 대목에서 저희는 주목할 만한 변화를 감지했습니다. 2023년 초부터였던 것 같습니다. 신축보다 리모델링 의뢰 비율이 높아지고 실제 리모델링 프로젝트 수가 점점 늘어났습니다. 현재 제로투엔이 진행하고 있는 프로젝트 절반 이상이 리모델링입니다.

그 이유를 고민해봤습니다. 처음에는 급격히 증가한 건설 공사비로 생긴 일시적 현상이라고 생각했죠. 하지만 시장을 조사할수록 공사비 증가는 트리거였을 뿐 리모델링이 커다란 시대적 방향이라는 판단이 섰습니다. (그 근거는 1장에서 자세히 다룹니다.)

이에 제로투엔은 리모델링 시장에 대한 조사와 분석에 본격적으로 착수했습니다. 리모델링 관련 업무를 내부적으로 체계화하기 위해 사내 데이터는 물론 사회적 데이터까지 폭넓게 수집하고 있습니다. 이는 시대적 흐름을 기록하고 미래에 대비하려는 노력인 동시에, 이러한 변화를 공유하여 함께 더 나은 미래를 만들어가고자 하는 우리의 바람이기도 합니다.

최근 제로투엔 프로젝트 중 리모델링 비중

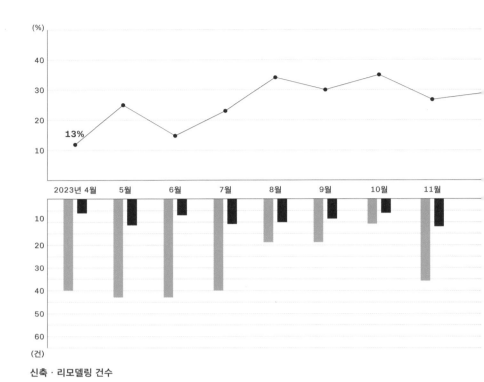

신축 · 리모델링 건수

37%

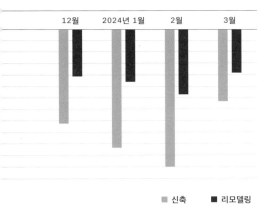

| 12월 | 2024년 1월 | 2월 | 3월 |

■ 신축 ■ 리모델링

리모델링이 트렌드가 된 '진짜' 이유

우리나라 법에서 '노후 건축물'로 분류되는 기준은
준공 후 몇 년이 지난 건물을 말하나요?

정답은 >

Answer

준공된 지 30년이 지난 건축물을
노후 건축물이라고 합니다.
(공동주택 이외의 건축물, 철근콘크리트·철골콘크리트·
철골철근콘크리트 및 강구조 건축물의 경우)

양적 성장 시대에서 질적 성장 시대로

짓기만 하면 임대가 술술 나가고, 인접한 건물에 사람이 차고 거리가 붐비면 그 거리의 모든 건물의 임대료가 동시에 오르는, 이런 시기가 있었습니다. 맛집이 하나 생기면 그 옆 가게도 덩달아 장사가 잘 되었죠. 예를 들어 예전에 우리는 유명한 족발집을 찾아갔다가 너무 줄이 길면 옆에 생긴 족발집으로 발길을 돌렸습니다. 그러니 곧, 그 거리엔 족발집이 많아지고 일종의 '족발 거리'도 만들어졌죠.

극장을 예로 들어봅시다. 멀티플렉스 극장은 도심의 주요한 '앵커시설'로 새로 지어진 상가 맨 위층에 입점해 고객을 몰아주는 '낙수효과'를 유발하는 키 테넌트(Key Tenant)*였습니다. 비숫한 예로 백화점의 몇몇 유명 브랜드도 생각해볼 수 있죠. 전체 매출 상승세를 견인하며 원거리의 고객까지 불러 모으는 역할을 담당하니까요.

* 키 테넌트(Key Tenant)는 상업용 부동산, 특히 쇼핑몰이나 오피스 빌딩에서 중요한 역할을 하는 주요 임차인을 가리킵니다. 이들은 마치 퍼즐의 핵심 조각과 같아서, 전체 부동산의 성공과 가치에 큰 영향을 미칩니다. 예를 들어, 쇼핑몰의 대형 백화점이나 오피스 빌딩의 유명 기업이 키 테넌트가 될 수 있습니다.

그러나 변화가 찾아왔습니다. 소수의 키 테넌트가 일대의 상권 활성화를 만들던 시대가 저물었습니다. 예로 들었던 극장을 볼까요. 넷플릭스와 같은 OTT 플랫폼 등장이 극장으로 가던 사람들의 발길을 완전히 돌려놓았죠. 백화점도 같은 신세입니다. 다양해진 온라인 쇼핑몰, 간편 결제, 새벽 배송 등이 온라인 서비스 활성화에 기름을 붓습니다. 올해 1월 초 유통업계에서는 지난해 온라인 매출 비중이 사상 처음으로 오프라인을 넘어섰다는 뉴스를 쏟아냈습니다. 2022년까지만 해도 전체 유통 매출 가운데 오프라인 비중(50.8%)이 온라인(49.2%)보다 높았지만, 그 기세가 역전된 것입니다. 2023년 연간 주요 유통업체 매출은 전년보다 6.3% 상승한 177조 4천억 원인데, 이 가운데 온라인 유통업체 매출이 전년에 비해 9% 상승해 89조 5천억 원을 기록했다고 합니다. 온라인이 전체 유통업체 매출 비중의 50.5%를 차지한 것이죠.

한국 유통 시장 전망

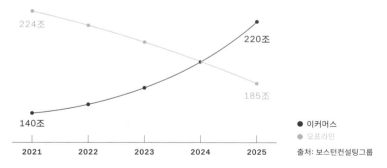

● 이커머스
● 오프라인

출처: 보스턴컨설팅그룹

온라인 구매 연령층이 확대되며 매출 증가세로 이어졌다는 분석도 있습니다.

인건비 상승에 따라 키오스크나 무인 매장이 들어서고* 예약 시스템과 솔루션이 발전하며** 줄을 서거나 대기하는 문화에도 변화가 생겼습니다. 검색을 통해 분위기와 서비스 등을 사전 조사하고 방문지를 정합니다. 필요에 따라 예약을 하거나 가게 앞에 있는 키오스크에 개인 정보를 입력한 후, 입장 알림을 받고서 움직입니다. 굳이 사전에 조사하지 않은 옆집에 가서 경험을 소비하지 않습니다. 그래서 끝을 모르고 잘 나간다는 성수동 연무장길도 텅 빈 가게와 줄 서 있는 가게가 한 골목에 공존합니다. 리테일뿐 아니라 업무시설도 마찬가지입니다. 공실률이 낮다는 강남이나 광화문, 종로의 중심업무지구도, 잘 관리되는 프라임 오피스가 아니라면 곳곳에 걸린 초대형 '임대' 현수막을 어렵지 않게 볼 수 있습니다. 강남 안에서도 빌딩 컨디션에 따라 전용면적당 임대료가 차이 나는 현상이 보입니다. **양적 성장 시대를 넘어서 질적 성장의 시대로 접어들며 차별화된 공간 기획과 운영이 필요한 시대라고 말하는 이유입니다.** 물론, 그 지역 자체가 소수의 핫플레이스로 뜨는 공식은 유효하지만 소비자의 수준과 안목이 높아졌고 이 현상이 전반적인 흐름을 주도하고 있음을 알아야 합니다. 앵커시설을 통한 낙수 효과의 '혜택'만으로는 시장에 지속가능한 공간을 만들기 어렵습니다.

* 마치 스마트폰이 우리 일상에 자연스럽게 스며든 것처럼, 무인 매장도 우리의 쇼핑 경험을 변화시키고 있습니다. 최저임금 상승과 인건비 부담 증가로 많은 소상공인들이 어려움을 겪는 가운데, 무인 매장은 비용 절감의 효과적인 대안으로 떠오르고 있죠. 또한 코로나19 이후 비대면 서비스에 대한 높아진 선호도가 이러한 추세를 가속화하고 있습니다.

** MZ 세대의 라이프스타일을 보면 스마트폰 하나로 모든 것을 해결하는 모습이 눈에 띕니다. 특히 핫플레이스를 이용할 때 예약 시스템과 솔루션이 매우 간편해져, 말 그대로 손 안에서 모든 것을 하죠. 마치 SNS에서 '좋아요'를 누르는 것처럼 쉽고 빠르게 말이에요. 카페에서 커피를 주문할 때도 앱으로 미리 주문하고 픽업합니다. 줄서기가 온라인에서 이뤄지고 있음을 의미하죠.

유동인구가 많기로 소문난 성수동 연무장길이지만 모든 건물에 사람이 많은 건 아닙니다.
줄을 서며 대기하는 팝업 매장과 한산한 가게가 불과 10m 내에 공존합니다.

늙어가는 한국의 빌딩

우리나라 법규에서는 건물이 완공된 지 30년이 된 시점부터 노후 건축물이라고 칭합니다. 왜 30년된 건물을 노후 건축물이라고 부를까요? 이를 이해하려면 건물의 구성과 공사 순서 5단계, 단계별 내구연한을 알아야 합니다.

건물은 크게 토목 - 골조 - 설비 - 외장 - 내장 부분으로 이뤄져 있고, 이 순서대로 공사를 진행합니다. 그리고 이 반대 순서대로 노후 속도가 빠릅니다. 즉 내장 마감재가 가장 빠르게 노후화되고, 그다음 외장 마감, 설비, 골조 순이지요. 각 부분이 원기능을 유지하고 있는지를 측정하는 '내구연한'의 개념이 여기서 등장합니다. 이 내구연한이 지나면 기능을 다 해서 이용자가 그 변화를 실제 체감하기 시작하지요.

내장 마감재

내장 마감재, 즉 우리가 흔히 인테리어라고 부르는 부분의 내구연한은 재료의 품질과 성질에 따라 다양하지만, 대체로 1년에서 10년 사이입니다. 이는 내장 마감이 주로 심미적 기능에 초점을 맞추고 있기 때문입니다. 내장 마감재의 수명은 크게 물리적 요인과 심리적 요인에 의해 결정된다고 봅니다. 물리적 요인으로는 아시다시피 잦은 사용과 접촉으로 인한 마모가 있습니다. 예를 들어 바닥재의 해짐이나 도장의 긁힘 등이 여기에 해당합니다. 시공사의 하자보수 기간이 내장재는 1년 이하, 골조는 10년으로 설정됨을 보면 알 수 있습니다. 심리적 요인으로는 상업 공간에서의 트렌드와 유행 접목 필요성, 그리고 고객의 짧은 체류 시간 동안 강한 인상을 주기 위한 자극적 디자인 선호 등이 있습니다.

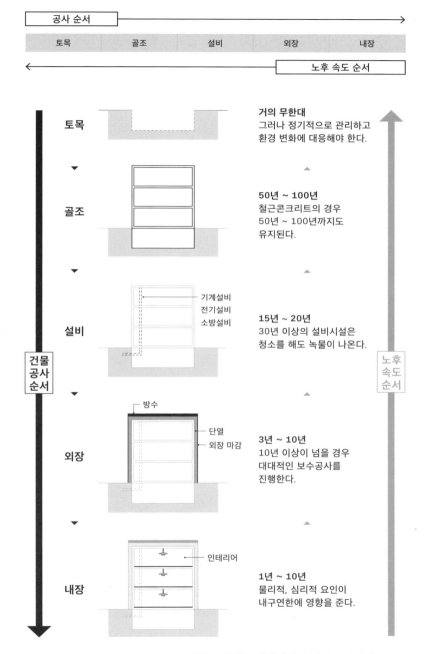

공사 순서

| 토목 | 골조 | 설비 | 외장 | 내장 |

노후 속도 순서

토목

거의 무한대
그러나 정기적으로 관리하고
환경 변화에 대응해야 한다.

골조

50년 ~ 100년
철근콘크리트의 경우
50년 ~ 100년까지도
유지된다.

설비

기계설비
전기설비
소방설비

15년 ~ 20년
30년 이상의 설비시설은
청소를 해도 녹물이 나온다.

건물
공사
순서

노후
속도
순서

외장

방수

단열
외장 마감

3년 ~ 10년
10년 이상이 넘을 경우
대대적인 보수공사를
진행한다.

내장

인테리어

1년 ~ 10년
물리적, 심리적 요인이
내구연한에 영향을 준다.

건물 공사는 토목공사로 시작되지만, 건물 노후화는 내장재에서 먼저 드러난다.

외장 마감재의 탈락이나 심각한 오염 시 고려되는 외장 리모델링은 내부 공사보다
비용이 큽니다. 이에 건물주들은 더 장기적인 관점에서 신중하게 결정하는 경향이
있습니다.

2014년 프리미엄 독서실 인테리어를 한 적이 있습니다. 당시 트렌드를 반영해 디자인했지만, 1년도 안 되어 리뉴얼을 했죠. 경쟁 업체가 증가하니 차별화 전략이 필요했고, 마침 주 타깃층인 여성을 의식한 디자인이 필요하다는 판단이었습니다. 이처럼 상업 공간의 내장 마감은 고객 유치라는 중요한 역할 때문에 그 수명주기가 매우 짧고 민감합니다. 이는 물리적 내구성뿐 아니라, 시장 요구와 트렌드 변화에 빠르게 대응해야 하는 상업 공간의 특성을 반영합니다.

외장 마감재

외장 마감은 크게 '외장재'와 '창호' 두 가지로 나뉩니다. 외부 환경으로부터 실내 환경을 보호하는 기능과 대외적인 건물의 이미지를 제시하는 심미적 기능 두 가지가 있고요. 보호의 기능을 한 번 더 나누면 방수와 단열입니다. 방수 성능은 방수재에 의해 결정되는데 우리가 흔히 보는 옥상 위 초록색 우레탄 방수 (요새는 회색을 많이 씁니다.)는 5~10년을 가고, 시트방수재는 이론상 50년을 간다고 합니다. 하지만 사계절이 뚜렷하여 열팽창이 큰 우리나라에서는 3년 주기로 방수 관련 보수공사를 하는 게 일반적이지요. 단열 성능은 마감재 안쪽에 있는 단열재에 의해 결정되는데, 단열재의 성능은 이론상으로 20년 이상 지속되고 30년이 넘어가면서 급격히 하락합니다. 단열 성능이 떨어지면 겨울에 실내에 있어도 매우 춥지요. 여기서 30년이란 노후 건축물 기준의 근거가 처음 등장합니다. 추위는 직접적인 불편함인지라 30년 된 건물은 노후했다는 인식이 생기기 충분했을 것 같습니다.

외장 마감의 심미적 기능으로 본다면 대표적으로 마감재의 탈락과 오염이 있습니다. 탈락과 오염은 대부분 빗물에 의한 자국이고, 마감재 자체의 내구성에 따른 것입니다. 외장 마감재의 내구연한은 재료에 따라 다르지만 기본적으로 얇을수록 짧고, 두꺼울수록 깁니다. 가장 얇은 페인트 계열은 3년 정도면 오염이 되고, 10년이 지나면 대대적인 보수를 해야 합니다. 10년이 넘은 아파트들이 대대적인 페인트 보수공사를 하는 원인이지요. 천연석이나 벽돌 등은 50년 이상 지속되나 재료와 재료 사이에 들어가는 보충재(코킹과 줄눈)가 쉽게 오염이 되기에 주기적으로 청소하여 관리해주어야 합니다. 디자인 관점에서의 세련됨 정도는 주관적이니 명확히 내구연한을 제안하기가 어렵습니다. 다만, 내장 마감에 비해 외장 마감에는 사람들이 너그러운 편입니다. 아마도 외장 마감은 한번 바꿀 때 비용이 크게 들기에 현 상태를 받아들이는 것 같습니다.

설비

설비 부분은 기계(배관), 전기와 소방으로 나눠볼 수 있습니다. 모두 보이지 않는 곳에 있어서 눈에 띄지 않지만, 실제 생활에

설비는 눈에 띄지 않지만, 실제 생활에 밀접하게 연관되어 있어 공사를 결심하게 하는 주요 요인입니다.

밀접하게 연관되는 부분이지요. 마감재는 미적인 부분이라 참고 살곤 하지만, 이 설비 부분이 고장나면 '건물을 고쳐야 하나?' 하는 생각이 들기 시작합니다. 법적으로는 설비시설 교체 추천 주기를 15~20년으로 정하고 있습니다. 다만 강제 조항은 아니기 때문에 고장이 나면 부분부분 고치며 사용하지요.

20년 된 아파트를 보면 녹물이 조금씩 나오기 시작하여 배관청소를 하곤 합니다. 30년쯤 되면 배관청소를 해도 금방 다시 녹물이 나오죠. 이러면 대대적인 배관 교체공사를 합니다. 전기설비의 교체 추천 주기는 15~20년입니다. 이때부터 부분부분 전기가 끊기거나 고장이 나기 시작하거든요.

골조와 토목

골조와 토목은 건물의 가장 기본적이고 중요한 구조적 요소로, 내구연한이 다른 어떤 부분보다 길다고 할 수 있습니다. 우리가 가장 많이 사용하는 철근콘크리트의 경우, 내구연한이 최소 50년 이상으로 알려져 있어요. 실제로 많은 전문가들은 적절한 유지관리가 이루어진다면 100년 이상도 충분히 가능하다고 봅니다. 이는 철근콘크리트의 물리적 특성, 즉 압축강도와 내구성이 뛰어나기 때문입니다.

토목 부분은 더욱 흥미롭습니다. 땅의 단단함과 직접적으로 연관되어 있기 때문에, 이론상으로는 내구연한이 무한대라고 볼 수 있어요. 물론 지진이나 지각변동 같은 극단적인 상황이 발생하지 않는 한 말이죠. 이는 토목공사가 자연지반의 특성을 최대한 활용하고 보완하는 방식으로 이루어지기 때문입니다.

그러나 골조와 토목의 내구연한이 길다고 해서 관리가 필요 없다는 뜻은 아니에요. 정기적인 점검과 유지보수는 여전히 중요합니다. 특히 지진이 빈번한 지역이나 해안가, 혹은 지하수위가 높은 지역에서는 더욱 그렇습니다. 이러한 환경적 요인들이 구조물의 수명에 영향을 줄 수 있기 때문입니다.

1970~2010년대 서울시 준공 건축물 현황

2022년 서울의 경우 1990~1994년에 지은 건물이 전체의 20.7%를 차지했습니다.
30살 넘는 건물들의 비율이 높아지는 시대를 맞이한 셈입니다.

지금으로부터 30년 전은 우리나라 경제가 호황이었던 1990년대 초입니다. 88서울올림픽 이후 해외여행 자율화 시대를 본격적으로 맞이하며 '글로벌'에 대한 감각이 생기고 다양한 외국문화가 유입되면서 '문화 황금기'를 맞이한 때이죠. 소비 패턴이나 먹고 마시는 문화도 달라졌습니다. 정책적으로도 건설 경기 활성화에 지원이 많았습니다. 올림픽 직후 급격히 늘어난 도시민의 살 곳을 마련하기 위해 '신도시 공급', '몇십만 호 주택 건설'과 같은 구호가 신문지상에 오르내렸습니다. 서울만 보더라도 이 시기에 지어진 건물이 남아있는 전체의 20%가 넘죠. 그러니 현시점으로 시계를 돌려서 보자고요. 노후 건물이 급격히 늘고 앞으로 더 늘 수밖에 없습니다. **여러모로 30년이 지난 지금은 많은 건축주들이 '큰 결심'을 해야 하는 시기입니다.**

사실 2010년대에 30년이 넘은 노후 건축물은 1970~1980년대 지어진 건물이었습니다. 이 시기에는 건설기술이 지금 처럼 보편화되지 않았고, 상향평준화도 아니었습니다. 우리나라의 경제성장이 촉발되기 전후라서 도시의 밀도를 높이는 고층 빌딩에 대한 수요가 많지 않았습니다. 그래서 층수가 낮고 용적률이 낮은 건물들이 상당수였죠. 게다가 도시의 법적 체계가 갖추어지지 않고, 건축물의 인허가 체계도 불완전했습니다. 따라서 이 시기 지어진 건물을 현행법으로 살펴보면 불법인 영역의 건물도 제법 있습니다. 즉, 용적률이 낮은 저층 건축물이 대부분이기에 철거도 쉽고, 재활용하기에는 살릴 부분이 많지 않고, 게다가 불법적인 사례도 많기에 리모델링을 할 이유가 없었지요. 전체를 철거하고 현행 법규에 맞추어 극적인 면적 향상이 가능한 신축 개발이 너무나 당연한 길이었습니다.

　　그러나 **이제 갓 서른을 넘긴 1990년대 지어진 건물들은** 건설기술 향상과 경제적 호황에 힘입어 최대 용적률로 지어진 경우가 많습니다. 도시 개발의 체계에 기준과 제약이 생긴 2000년대 초 이전이기 때문이지요. 이러한 건물을 철거 후 신축하면 지금 기준에 맞추어야 해서, 값비싼 비용을 치러야 하는 것은 물론이고 오히려 면적도 줄어듭니다. 바꾸어 말하면 **현행 법규보다 높은 밀도로 지어진, 리모델링 하기 좋은 보물**들이란 뜻입니다.

증가하는 공사비: 물가 상승과 각종 규제 증가

그렇다고 하더라도 쉽사리 프로젝트에 뛰어들 수 없는 건 공사비가 급격하게 상승했기 때문입니다. 이제 신축 공사의 경우 평당 1,000만 원이 넘는 시대입니다. 현장에서 느끼기에는 10년 전 대비 2배 정도 공사비가 올랐습니다.

공사비가 오른 데에는 크게 두 가지 요인이 있습니다. 첫 번째는 물가상승입니다. 건설공사의 물가지수라고 할 수 있는 건설공사비 지수를 보면 2020년 11월부터 2023년 10월까지 25개월간 급격하게 공사비가 오른 것을 확인할 수 있습니다. 10년 전과 비교하면 58%가 올랐습니다. 건설공사비 지수는 공사에 영향을 주는 항목을 비중별로 약 200개로 분류하고 각 항목의 물가상승률을 입력한 후 퍼센트로 나누어 합산하는 방식으로 셈합니다. 그래서 '같은 기준의 공사'에서의 상승률만 반영되지요. 그래서 공사비가 오른 두 번째 요인인 '요구 성능 기준 및 규제 기준 상승'은 반영이 안 되어 있습니다.

건축물의 각종 품질과 성능 기준이 꾸준히 상승하고 있습니다. 이는 미적인 부분뿐 아니라 기능적인 부분, 즉 '단열', '방화', '구조', '안전' 부분에서 모두 상승하고 있습니다. 특히 '안전' 부분의 행정적인 기준과 절차들은 더욱더 강화되고 있습니다. 각종 사회적 사건사고의 여파이지요. 착공신고나 사용승인 시 제출해야 하는 서류의 종류는 10년 전에 비해 2배 이상으로 늘었고, 각종 인증 절차와 협의해야 하는 관계 부서 또한 늘고 있습니다. 예를 들어 최근 서울에서 공사 진행 시 다양한 안전검사가 행해지는데, 관공서 다섯 군데에서 돌아가면서 현장에 방문합니다. 구청, 시청, 국토부, 안전공단, 지정안전 업체입니다. 이 부분은 공사기간 증가로 이어지고 기간 증가는 공사비 증가로 이어집니다.

다양한 주체가 점검하므로 시공을 위한 시방보다 더 깐깐한 조치가 자연스레 따라옵니다. 또한 각종 심의가 난무합니다. 구조, 토목, 철거 등 심의 절차가 강화되었습니다. 건축 행정의 특성상 심의 시 '원안 통과'는 없습니다. 통과하더라도 반드시 조건부로 통과되며 자연스레 '최소 조치'보다는 '최대 조치'에 수렴하며 공법이 선정됩니다. 이러한 요소가 합쳐져서 실질적으로는 공사비 지수의 2배 정도로 추가 변동성이 있다고 판단하고 있습니다.

그러므로 건축주는 철거 후 신축 대신 다른 선택지, 리모델링으로 눈길을 돌리게 됩니다. 그렇다면 리모델링은 신축 대비 얼마나 예산과 시간을 줄일 수 있을까요.

내외장재를 모두 철거하고 RC골조만 남겨놓은 역삼동 리모델링 현장 전경

신축
Vs.
리모델링
선택 기준

신축 공사 과정에서
토목, 골조, 설비, 외장, 내장 부문 중
가장 많은 예산이 소요되는 단계는 무엇일까요?

정답은 >

건물의 뼈대를 만드는 토목과 골조가
전체 공사의 50%를 차지합니다.
리모델링의 경우, 대개 이미 존재하는
토목과 골조 구조를 유지한 채 진행되므로,
이 부분에서 상당한 비용 절감이 가능합니다.

리모델링 비용 구조

앞서 소개했듯 건축 공사는 크게 토목 - 골조 - 설비 - 외장 - 내장의 순서로 진행합니다. 그러면 공사비에서 부분별 비중은 어떻게 될까요. 다음 표는 실제 진행했던 신축 프로젝트의 개략적인 공사비 구조입니다. 규모와 방식에 따라 그리고 재료의 값에 따라 다르지만, 우리 프로젝트를 근거로 평균값 근사치를 내면 토목 20%, 골조 30%, 설비 15%, 외장 20%, 내장이 15% 임을 확인할 수 있습니다.

　여기서 리모델링과 관련된 특징은 건물의 뼈대를 만드는 토목과 골조가 전체 공사의 50%를 차지한다는 점입니다. 노후 건축물로 분류하는 이유가 설비, 외장, 내장임을 확인했으니 리모델링은 바로 이 단계를 개선하는 공사임을 확인할 수 있는 것이지요. 그리고 앞서 이야기한 질적인 부분, 즉 +α도 바로 이 대목에 달려 있지요. 물론 일부 골조를 조정하는 증축을 통해 임대료 공식의 양적인 부분, 전용면적까지 늘릴 수도 있습니다.

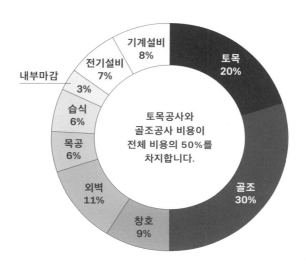

신축 대비 절반 이하의 기간

강남구 봉은사로 151 분데스 언주 사례를 소개하겠습니다. 이 건물은 연면적 1,400평(4,600m²)으로 지하 4층, 지상 8층 규모입니다. 본 리모델링은 공사기간이 4개월이었어요. 공사를 위한 가설공사 및 부분 철거공사, 부분 증축공사 이후 외장공사 및 내부 마무리 공사까지. 다음 장의 표는 리모델링과 신축 시 검토한 개요표입니다. 기존 건물의 법정 용적률은 463%였고, 현황 용적률은 376%로 약 90%의 용적률을 증축 또는 신축으로 활용 가능한 상황이었습니다. 대지면적이 227평이었으므로 200평의 증축이 가능하였는데, 건폐율의 여유가 적었으므로

분데스 언주 전경

분데스 언주 리모델링 및 신축 개요표

구분		기존 건물 (매입 당시)	리모델링 시		신축 시	
			건축 개요	면적 증감	건축 개요	면적 증감
건축 규모	대지면적	752.50m²				
	건물층수	지하 4층, 지상 8층	지하 4층, 지상 8층		지하 3층, 지상 10층	
	건축면적	378.25m²	403.11m²	24.86m²	405.25m²	27.00m²
	연면적 지하층	1,971.40m²	1,971.40m²	0.00	1,971.40m²	0.00
	연면적 지상층	2,835.53m²	2,912.12m²	76.59m²	3,484.46m²	648.93m²
	연면적 합계	4,806.93m²	4,883.52m²	76.59m²	5,455.86m²	648.93m²
	건폐율 법정	53.88%				
	건폐율 계획	50.27%	53.57%		53.85%	
	용적률 법정	463.50%				
	용적률 계획	376.8%	387.0%		463.1%	

잔여 용적률을 모두 활용하기 위해서는 수직 증축을 하거나 신축을 해야 했습니다.

만약에 이 건물을 신축으로 진행했다면 얼마나 걸렸을까요? 철거 - 토목 - 골조 - 설비 - 외장 - 내장 순으로 보면 아래와 같습니다.

철거공사에 4개월, 토목공사에 6개월, 골조공사에 12개월, 그리고 설비와 내외장 공사에 6개월(설비, 외장, 내장 공사는 복합공정으로 진행) 등 이렇게 변수가 없다고 가정해도 전체 28개월이 소요되는 공사입니다. 리모델링 기간은 이에 비해 1/7 정도인 셈이지요. 물론 이 건물은 경사지에 있어 지하층의 비중이 커 일반적인 신축 대비 리모델링 기간 차보다 더 극적인 측면이 있습니다. 또한 부분 리모델링 공사였기에 상대적인 기간 절감 효과가 더 컸고요. 지하 2층에 지상 5층, 연면적 200평 규모의 빌딩을 고려하면, 리모델링은 3~6개월이 걸리며 신축은 14개월 정도 걸립니다.

비용 절약: 신축 대비 절반 이하의 비용

앞서 이야기했듯 건물은 리모델링의 범위가 뒤에서부터 어디까지 가느냐에 따라 공사비가 결정됩니다. 분데스 언주가 위치한 곳은 강남구에서 해발고도가 가장 높은 곳으로 경사지에 있습니다. 이러한 사정으로 수직 증축이나 신축을 하기 위해서는 구조보강이 필수적으로 필요하였고, 설계에 따라 달라지는 부분은 있었으나 당시 구조보강 비용은 최소 40억 원 이상으로 계

분데스 언주
리모델링 공사 모습

산되었습니다. 따라서 리모델링을 한다면 수평 증축을 하거나 아니면 아예 신축하는 것 중에 결정해야 했어요. 본 건물의 리모델링 범위는 아래와 같았습니다.

1. 내장공사: 1층 로비 및 지하층 입구, 지하주차장 내부, 각 층별 일부 공용 공간 변경(화장실 등)
2. 외장공사: 3~8층 외부 루버 변경, 외장재 도장, 후면부 창호 변경, 1~2층 완전 변경
3. 설비공사: 차량 엘리베이터 변경, 전기, 소방, 배관 유지
4. 구조공사: 후면부 수평 증축(총 25평), 최상층 옥상 구조물 공사
5. 토목공사: 없음

위와 같이 2~5번을 부분만 바꿨고 총 금액은 대략 30억 원 정도였습니다. 연면적 1,450평 건물이니 평당으로 치면 약 200만 원인 셈이죠. 이 규모를 신축으로 했다면 평당 1천만 원이 들어가고, 전체 철거공사도 해야 하니 150억 원의 공사비가 예상됩니다. 1/5의 비용을 들인 셈입니다. 게다가 이 공사비에는 실제 진행했을 때 발생할 금융비가 별도로 잡힙니다. 신축 대비 리모델링에 실제 투입된 현금 흐름의 비교는 4장에서 자세히 다루도록 하겠습니다.

신축에 준하는 임대료 상승 효과

건물공사의 전반부인 토목과 골조는 유지하고 후반부인 설비, 외장, 내부 공사에 집중한 리모델링이 신축 대비 얼마만큼의 효과가 있을까요? 분데스 언주는 신논현역과 언주역 사이에 호텔이 아홉 개가 넘게 위치한 봉은사로에 있지만, 낡은 내외부로 인

해 오랫동안 공실이었던 건물이지요. 해당 지역의 신축 건물이 NOC (Net Occupy Cost, 전용면적당 임대료)* 20만 원 이상을 인정받고 있었지만, 구축 건물 기준인 NOC 15만 원에 임대를 내놨음에도 오래 공실 상태였습니다. 이 건물이 공실인 이유가

바로 질적인 부분 +α에 있다고 봤습니다. 때문에 이것을 올리는 것에 집중하여 리모델링의 범위를 정하고 디자인을 시작했습니다.

첫 번째 분야는 입구입니다. 건물의 위치적인 특성상 용도는 업무시설이었습니다. 사무소는 앞서 언급했듯 일을 계약하기 위해 찾아오는 클라이언트나 오랜 시간을 보내야 하는 직원 입장에서 매력적이어야 해요. 우선 클라이언트의 경우는 자주 오지 않지만, 첫 방문의 이미지가 매우 중요합니다. 바로 입구 부분의 기분 좋은 개선이 필요한 이유입니다. 이 입구는 크게 자동차로 방문했을 때와 대중교통을 이용한 도보 방문 모두 신경을 써야 합니다. 분데스 언주는 도보로 지상 1층으로, 자동차로 지하층으로 진입하는 구조였기에 양쪽 다 입구성을 개선하는 데 신경을 썼습니다. 입면상에서 1층과 2층을 시각적으로 연결하여 높은 진입감을 만들고, 로비는 거울로 인테리어해 넓고 밝은 분위기를 연출했습니다. 주차장의 경우 천장재의 패턴을 바꾸고 조명을 활용하여 현대적이고 고급스러운 분위기로 탈바꿈했습니다.

두 번째는 외장재 변경입니다. 이 건물은 기존에 엔터테인먼트 회사 사옥으로 쓰였다고 합니다. 연예인들이 오가는 특성상

주차장
리모델링 전/후

©류드왜

로비
리모델링 전/후

©류드왜

외부에서 내부가 보이는 것을 꺼려해 창문 외부 입면에 타공판을 두르고 있었죠. 문제는 이 타공판 때문에 안에서도 바깥이 잘 안 보이는 환경이었습니다. 그래서 북쪽에 좋은 뷰를 가진 곳은 완전히 외장재를 걷어내었고, 도심 쪽은 뷰를 가리지 않는 정도로 타공판을 조정하고 색상을 밝게 만들었습니다. 외장재 공사가 끝났을 때 주변에 지나가는 직장인들이 "와, 이 건물 바뀌니까 주변 분위가가 사네!"라고 할 정도로 아주 큰 변화를 만들었지요.

　세 번째는 옥상 활용입니다. 왜인지 모르지만 기존에는 옥상에 올라갈 수 없는 구조였습니다. 우리는, 강남이 한눈에 내려다보일 뿐 아니라 날씨가 좋을 때면 강북의 남산타워까지 한

눈에 보이는 멋진 뷰였기에 건식 구조체 공사를 통해 옥상에 올라갈 수 있게 만들었지요. 실제로 완공 후에 평소에는 훌륭한 휴식 공간으로, 때로는 대관을 통해 쏠쏠한 수익 공간이 되기도 합니다.

이러한 + α에 집중한 리모델링을 한 결과 월세를 주변 신축에 준하게 받을 수 있었고 기존보다 70% 올랐습니다. 예전에는 NOC 15만 원에도 공실이었지만 리모델링 후 NOC 25만 원으로 주변 신축 건물 중에서도 A급의 임대료를 받습니다.

©박다혜

분데스 언주

위치: 서울특별시 강남구 논현동 205-5 용도: 업무시설, 근린생활시설
규모: 지하 4층, 지상 8층 대지면적: 752.5m² 건축면적: 403.11m² 연면적: 4,883.52m²
건폐율: 53.57% 용적률: 386.99% 설계·시공사: 제로투엔건축사사무소종합건설(주)

수상 제12회 강남구 건축상 아름다운건축상

< Before
> After

리모델링 시장에서 블루오션이란 기회

리모델링 시장의 대표 건설사,
누가 떠오르세요?

정답은 >

현대건설, 대우건설, GS건설 같은 대형 건설사들은
주로 대규모 아파트 단지 리모델링을 담당하고,
중소 규모 시장에는 뚜렷한 리더가 없는 상황이에요.
시장의 성장이 예상되는 가운데, 중견 규모의 전문 리모델링 기업이
필요하다고 말하는 이유입니다.

50조 원 이상의 리모델링 시장 규모

앞서 언급한 대로 서울시엔 30년된 노후 빌딩이 늘고 있고, 이
제 사용연한을 넘어선 노후 빌딩을 신축 혹은 리모델링을 해야
합니다. 그런데 1990년대 지어진 건물을 신축하게 되면 2000
년대 이후의 건축법의 영향을 받게 됩니다. 그 당시 법적 최대치
로 지은 건물들을 기존보다 더 면적이 줄어들게 짓거나 비슷하
게 지어야 해요. 공사비는 들이는데 수익의 상승이 크지 않으니
말 그대로 신축은 수익성이 안 나오는 경우가 많아지고 있어요.
　이러한 현실적인 배경뿐 아니라, 다양한 관점에서도 리모델
링이 증가하는 이유가 있습니다. 우리의 예정된 미래라 할 수 있
는 선진국의 사례를 보더라도 건물 리모델링의 비중은 훨씬 높

습니다. 특히, 유럽에서는 신축을 해보는 게 소원이라는 건축가들이 많이 있어요. 인구 감소로 인해 새로운 도시 개발보다는 기존 도심권 활성화가 필요하다는 관점도 있죠. 환경 측면의 ESG로서 기존 자원의 재활용이라는 대의명분도 존재합니다. 지속가능한 개발 목표 또는 지속가능한 발전 목표(Sustainable Development Goals, SDGs)*는 2000년부터 2015년까지 시행된 밀레니엄 개발 목표(MDGs)를 종료하고 2016년부터 2030년까지 새로 시행되는 유엔과 국제사회의 최대 공동 목표입니다. 인류의 보편

* 지속가능한 발전 목표는 2015년 유엔이 채택한 전 세계의 공동 목표입니다. 2030년까지 모든 국가가 함께 달성하고자 하는 17개의 주요 목표를 담고 있어요. 정부뿐만 아니라 기업, 시민사회, 개인 모두가 참여할 수 있는 지침을 말하고 있습니다.

적 문제(빈곤종식, 질병, 교육, 성평등, 난민, 분쟁 등)와 지구 환경문제(기후변화, 에너지, 환경오염, 물, 생물다양성 등), 경제 사회문제(기술, 주거, 노사, 고용, 생산 소비, 사회구조, 법, 대내외 경제)를 2030년까지 17가지 주 목표와 169개 세부 목표로 정하고 이를 해결하고자 공동으로 이행하는 국제사회 최대 공동 목표입니다. 이중에서 11번째 목표는 '포용적이고 안전하며 회복력 있고 지속가능한 도시와 정주지 조성'이라는 지속가능도시입니다. 한번 지어진 도시를 지속가능하도록 지속적으로 관리하고 리모델링해야 한다는 의미죠.

이러한 배경 속에서 한 연구에 따르면 2020년 국내 리모델링 시장은 30조 원에서 2030년에 44조 원, 10년 동안 50% 이상 증가한다고 합니다. 다만, 해당 연구 시점 이후 최근 급격히 늘어난 공사비지수(2년간 20% 상승)를 고려하면, 같은 기준으로도 2030년에 최소 53조 원 이상의 시장으로 보고 있으며, 과거에 예상치 못한 추가적인 수요를 고려하면 더 큰 성장을 예상하고 있습니다. 예를 들어 근래의 고금리 기조로 인해 개발

건축물 유지·보수 및 개수 시장 전망 단위: 십억 원

구분	2020년	2025년	2030년	연평균 성장률
유지·보수 시장	12,795 (42.5%)	13,759 (37.1%)	14,723 (33.4%)	1.4%
리모델링 시장	17,293 (57.5%)	23,321 (62.9%)	29,350 (66.6%)	5.4%
합계	30,088 (100.00%)	37,080 (100.00%)	44,073 (100.00%)	3.8%

출처: 한국건설산업연구원

기간에 따른 금융 비용 역시 크게 증가하였고, 신축 대비 짧은 기간에 끝나는 리모델링에 대한 관심이 더 많아졌어요. 이러한 요소들이 리모델링 수요를 촉발하고 있고, 리모델링 시장의 성장을 가속화하고 있습니다. 예를 들어 금리가 과거 3%대 중반에서 5%대 후반으로 약 160% 증가했으니 전체 금융 비용도 크게 증가했습니다.

대형 건설사와 소형 건설사의 양극화 건설시장: 공급자의 공백

이렇게 증가하는 리모델링 분야지만, 이 거대한 시장을 이끌어 갈 플레이어가 시장에 요원한 상황입니다. 건설시장의 공급자는 믿을 수 있는 대형 건설사와 주먹구구식 소형 건설사로 양극화된 시장이죠. 대형사는 단위 금액이 작고, 복잡하고 힘든 리모델링에 관심이 없습니다. 몇몇 아파트 단지의 리모델링에 뛰어든 곳이 있지만, 빌딩 단위의 리모델링은 주요 수주 대상이 아닌 상황입니다. 공사기간도 짧으니, 인력배치도 잦아야 하죠. 관리 중

심의 대형사가 집중하기 어려운 구조이죠. 예를 들어보겠습니다. 2,000평의 건물을 신축한다면, 공사비 200억 원에 2년 정도의 시간이 걸려요. 건설사는 이 정도 규모에 4명 정도의 인원을 배치합니다. 같은 규모의 건물을 리모델링할 경우, 공사비는 약 50억 원 정도 소요됩니다. 그러나 리모델링 체계가 잘 갖춰지지 않은 소형 건설사의 경우, 프로젝트가 각 현장소장의 개인적인 방식에 따라 진행되게 됩니다. 이는 결과적으로 작업자 개개인의 실력 차이로 인해 일관된 품질 유지와 예측이 어려워지는 문제를 야기합니다. 질적 향상을 목표로 하는 리모델링에 치명적인 부분이에요. 소형사의 시공 역량이 떨어질 경우에, 철저한 기존 건물 분석이 가능한 리모델링 전문 설계사의 도움을 받아 커버할 수도 있지만, 현실적으로 시장에서 리모델링 전문 설계사가 부족한 상황입니다.

건설시장은 롱테일 시장*이라고 볼 수 있어요. 그리고 롱테일 부분의 단위가 몇십억, 몇억 원 단위의 '메가롱테일'이라는 특징이 있죠. 단위가 큰 시장(Body)에는 대형사들이 몰려 있고, 나머지(Tail)는 소형 건설사들이 나누어서 난립하고 있습니다. 통

* 롱테일 시장은 크리스 앤더슨이 2004년 'Wired' 잡지에서 처음 소개한 개념으로, 적은 수량으로 팔리는 다양한 틈새 상품들의 총합이 소수의 인기 상품 매출을 능가할 수 있다는 이론입니다. 예를 들어, 온라인 서점에서 베스트셀러 몇 권의 판매량보다 그 외의 다양한 도서 판매량의 합이 더 클 수 있다는 논리이죠. 전통적인 건설시장은 대규모 프로젝트와 표준화된 건축물이 주를 이루어왔어요. 그러나 맞춤형 주택 설계, 특수 목적 건축, 리모델링 프로젝트 증가 등 최근 건설산업의 변화를 고려하면 건설시장도 롱테일 시장의 특성을 띠고 있다고 볼 수 있습니다.

계에 따르면 현재 1만 3,000개소가 넘는 건설사 중에 약 1만 개소의 회사가 최하위 등급인 7등급(시공능력 평가 120억 이하, 7군이라고도 칭합니다) 건설사입니다. 흔히 금융권에서 보증해주는 5백여 개소의 회사 중에 아직 빌딩 리모델링에 적극적인 곳은 없으니, 리모델링을 하려면 7군을 제외하고 나머지

2,500여 개의 건설사 중에 신중하게 선택해야 하는 상황입니다. 시장의 상위에는 대형 건설사가 몰려 있고, 하위에는 소형 건설사 위주의 양극화 상태입니다. 즉 건설시장 자체도 롱테일 이지만, 단위 하나가 억 단위의 메가롱테일 시장입니다. 신축의 경우는 그래도 발품을 팔면 적정한 건설사를 찾을 수 있습니다. 하지만 리모델링은 다음 내용에서 언급하는 특징을 추가적으로 고려해야 하기에 더욱더 적정한 건설사를 찾기가 어렵습니다.

메가롱테일의 건설사 시장

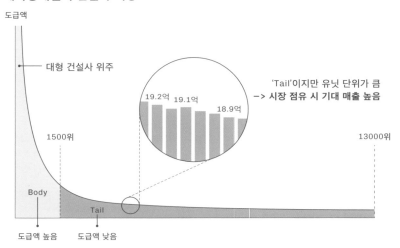

기획과 설계가 긴밀한 건설 플레이어: 통합 전략과 팀 구성의 필요성

리모델링은 단순히 시공 파트만이 아닌 설계 및 기획과 긴밀한 연계가 필요합니다. 하지만 이를 함께 수행할 수 있는 곳을 찾기 가 쉽지 않지요. 리모델링의 범위가 다양하기 때문에 사전에 기 획과 함께 시뮬레이션이 필수이고, 이를 분석하여 전략적 선택을 해야 합니다. 엘리베이터만 바꿀 수도 있고, 저층부와 로비만 개선할 수도 있어요. 창호를 유지한 채 외피만 바꿀 수도 있고, 창호와 외벽 자체를 바꿀 수도 있습니다. 경우에 따라 구조까지 변경하며 신축급의 리모델링을 할 수도 있습니다.

공사 진행 간 변수가 많이 있기에 설계변경이 자연스레 따라옵니다. 신축과 달리 설계도서 그대로 건설하는 것은 불가능한 영역입니다. 사업주 입장에서는 변수가 발생해도 최초에 세운 예산과 일정 속에서 프로젝트를 완료할 '설계-시공'의 통합된 팀이 필요한 이유입니다. 돌발 상황에서 발생하는 문제를 신속하게 상의하고, 함께 해결하는 팀이 있어야 성공적인 리모델링을 할 수 있습니다.

추가적으로 앞으로 리모델링은 단순한 미학적 개선 목적이 아닌 '자산가치 상승'의 관점에서 이루어질 것입니다. 이를 검토하기 위해서는 단순히 디자인하고 건설하는 것이 아닌, '시행'의 입장에서 검토하고 판단을 돕는, 즉 '개발-설계-건설' 세 가지 관점에서 통합적으로 살펴야 합니다. 추가적으로 건물을 지으면 알아서 임대가 되는 시대를 점점 지나고 있기에 '브랜드 운영' 측면에서도 같이 볼 수 있는 곳이 함께해야 합니다.

∧ Before
> After

오블리크
위치: 서울특별시 서초구 방배동 879-19 용도: 제2종 근린생활시설
규모: 지하 1층, 지상 5층 대지면적: 168.1m² 건축면적: 99.78m² 연면적: 542.52m²
건폐율: 59.36% 용적률: 254.6% 설계·시공사: 제로투엔건축사사무소종합건설(주)

내 건물에
딱 맞는
리모델링
최적점 알기

**여러분이 경험했거나 고려 중인 리모델링 프로젝트의
난이도와 예상 비용에 대해 설명해주실 수 있나요?**

정답은 >

리모델링 프로젝트의 난이도를 파악하는 일은 매우 중요하지만, 정보가 제한적이고 각 프로젝트마다 특성이 달라 정확한 판단이 어려울 수 있습니다. 하지만 이에 대한 이해는 필수적이에요. 지금부터 리모델링 프로젝트의 난이도를 평가하는 데 도움이 될 핵심 정보들을 알려드리겠습니다.

리모델링이라는 용어는 우리 사회에서 폭넓게 사용되지만, 그 의미와 범위에 대한 인식은 개인마다 크게 다릅니다. 현장에서 고객들과 대화해보면, "리모델링하고 싶어요!"라는 한마디 속에 단순한 인테리어 변경부터 구조 변경, 심지어 증축까지 다양한 요구 사항이 포함되어 있음을 알 수 있습니다. 이러한 다양성 또는 모호성은 리모델링 시장의 복잡한 특성을 반영하며, 동시에 이 분야에 대한 명확한 기준과 분류의 필요성을 제기합니다.

　이러한 맥락에서 리모델링의 난이도별 분류와 기준 설정은 매우 중요합니다. 이를 위해 저는 비용을 주요 기준으로 삼았어요. 무엇보다 "그래서 이거 얼마 들어요?"라는 질문이 고객들의 가장 큰 관심사임을 알기 때문입니다. 실제로 난이도에 따라 공사비가 크게 달라지며, 단순 인테리어 변경의 경우 평당 100만 원에서 300만 원 정도가 소요되는 반면, 구조 변경을 포함한 경우에는 평당 800만 원을 웃도는 경우도 있어요. 자, 그럼 리모델링의 난이도를 분류하고 각 단계별 특징과 예상 비용을 제시합니다. 건축주들이 자신의 니즈와 예산에 맞는 리모델링 방식을 보다 쉽게 선택할 수 있기를 바라는 마음에서 소개해볼게요.

시작에 앞서

리모델링을 할까, 말까 고민하고 있다면 크게 두 가지를 보면 좋습니다. 먼저, 현재 건물의 임대료를 주변 신축 건물과 비교해보는 것입니다. 이를 통해 리모델링 후 예상되는 수익 증가를 가늠할 수 있죠. 내 땅의 내 건물이 낼 수 있는 최대 가치가 무엇이고, 그것과 대비해 현재 상태는 어떤 정도인지를 파악하는 일이에요. 이 격차가 클수록 리모델링의 필요성이 높아집니다. 다만, 예를 들어 명동 같은 프라임 지역이라 신축이나 오래된 건물이나 월세가 비슷하다면 굳이 돈을 투자할 이유는 없겠지요.

그다음으로 리모델링에 투입할 수 있는 예산을 정확히 파악하는 것이 필수적입니다. 이는 리모델링의 범위와 수준을 결정하는 핵심 요소가 됩니다. 또한 리모델링 비용과 예상되는 임대료 상승분을 고려하여 투자금 회수 기간을 산출해보는 것도 중요합니다. 이를 통해 투자의 경제성을 판단할 수 있습니다.

난이도 하: 인테리어 리모델링(평당 100~300만 원)

인테리어성 리모델링은 건물의 근본적인 구조를 건드리지 않으면서 내부 공간의 미적, 기능적 개선에 중점을 둔 가장 기본적이고 간단한 형태의 리모델링이에요. 주로 벽지와 바닥재 교체, 조명 개선, 가구 재배치, 색상 변경 등이 이 범주에 속하며, 간단한 전기 및 설비 공사도 포함될 수 있습니다. 이 수준의 리모델링은 대부분 별도의 인허가 절차가 필요 없어 신속하게 착수하고 완료할 수 있다는 장점이 있습니다. 비록 건물의 가치를 극적으로 높이지는 않지만, 상대적으로 적은 투자로 공간의 분위기를 크게 개선하고 사용자 만족도를 높일 수 있어 효율적인 선택이 될 수 있어요. 특히 전반적인 건물 상태는 양호하나 내부가 다소 낡았거나 시대에 뒤떨어진 느낌을 줄 때 효과적인 해결책이 될 수 있습니다.

빌딩온 사옥
위치: 서울특별시 강남구 논현동 191-15 용도: 업무시설
인테리어 설계·시공사: 제로투엔건축사사무소종합건설(주)

©박건혜

난이도 중: 부분 리모델링(평당 300~600만 원)

난이도 중 리모델링은 제한된 자금으로 최대의 효과를 추구하는 전략적 접근법입니다. 이는 건물의 핵심 부분에 집중하여 '역전의 효과'를 노리는 방식으로, 주로 저층부 외관 및 로비 개선, 엘리베이터 추가, 창호 유지 및 외관 정비 등이 포함돼요. 대형 빌딩에서 자주 시도되는 저층부 리모델링은 건물 전체 이미지를 효과적으로 개선하는 방법으로, 사람들의 시선이 가장 많이 머무는 곳에 집중 투자하는 방식입니다. 한편, 엘리베이터 추가는 기존에 없던 건물에 엘리베이터 설치 시 상층부 임대료를 크게 끌어올릴 수 있다는 판단이 주요하게 작용합니다. 일반적으로 높은 층일수록 임대료가 상승하는 부동산 원리를 적용받게 되

YK빌딩 버티컬 페이스
위치: 서울특별시 강남구 역삼동 788-10 용도: 업무시설
규모: 지하 4층, 지상 8층 (금회 공사분 - 1층 내외부 리모델링) 대지면적: 1,851.6m²
건축면적: 923m² 연면적: 11,076m² 건폐율: 50% 용적률: 250%
설계·시공사: 제로투엔건축사사무소종합건설(주)

기 때문입니다. 창호 교체 또한 중요한 공사 항목으로, 미관 개선뿐 아니라 에너지 효율 향상을 통해 실질적인 비용 절감과 건물 가치 상승을 동시에 이끌어낼 수 있어요.

난이도 상: 많은 부분 리모델링(평당 600~∞만 원)

난이도 높은 리모델링은 대대적인 외장재 변경, 구조 변경, 증축을 포함한 신축급 공사를 의미합니다. 이는 가장 복잡하고 광범위한 리모델링 방식으로, 건물의 전면적인 변화를 가져옵니다. 먼저, 외장재 변경은 비계 설치 등 대규모 공사를 수반하여 비용이 크게 증가하지만, 건물의 이미지를 완전히 새롭게 탈바꿈

웨이브1585
위치: 서울특별시 서초구 서초동 1585-7 용도: 제3종 일반주거지역, 도시지역
규모: 지상 5층 대지면적: 247m² 건축면적: 132.44m² 연면적: 492.44m²
건폐율: 49.98% 용적률: 199.37% 설계·시공사: 제로투엔건축사사무소종합건설(주)

수상 2024 한국리모델링건축대전

©박다해

시키는 효과가 있어요. 마치 건물이 새 옷을 입고 재탄생하는 듯한 극적인 변화를 이끌어냅니다. 구조 변경이나 증축은 더욱 복잡한 과정을 거칩니다. 이는 기존 건축물의 높이나 크기를 확장하는 것으로, 실질적으로 신축과 유사한 공정이 요구됩니다. 특히 증축의 경우, 기존 건축물이 추가적인 하중을 견뎌야 하므로 전체적인 구조보강이 필수적입니다. 기존 건물의 보수와 새로운 부분의 건설이 동시에 이루어져야 하므로, 가장 높은 난이도를 자랑하죠. 따라서 비용도 가장 많이 소요되지만, 그만큼 건물의 변화 폭도 가장 드라마틱해요. 이 정도의 리모델링은 건물의 가치를 대폭 상승시키고 완전히 새로운 이미지를 창출할 수 있는 가장 포괄적이고 효과적인 방법이라고 할 수 있습니다.

난이도 최상: 운영 프로그램, 테넌트 채우기

리모델링의 난이도를 평가할 때, 우리는 종종 물리적인 공사 규모나 복잡성만을 고려하곤 합니다. 하지만 실제로 가장 중요하고, 때로는 가장 어려운 부분은 '소프트웨어적' 측면, 즉 건물의 용도와 잠재적 임차인에 대한 전략적 고려라고 봅니다.

제가 경험한 리모델링 상담 사례를 들어보겠습니다. 건물주가 대규모 증축을 고려하면서 저를 찾아왔는데, 알고 보니 잠재적 임차인이 있다고 하더군요. 이 대목에서 제가 드린 조언은 의외로 간단했습니다. 리모델링 비용 3억 원을 투자하는 대신, 잠재 임차인에게 5천만 원의 인센티브를 제공하고 안정적인 임대 계약을 체결한 뒤 "월세 잘 들어오게 해주세요"라고 말하며 호의적인 관계를 가지라는 것이었어요.

이 사례가 시사하는 바는 명확합니다. 리모델링의 궁극적인 목표는 단순한 건물의 외관 개선이 아니라, 우량 임차인 유치에 있다는 것이죠. 따라서 건물주는 리모델링 계획 전에 "누가 이 공간을 사용할 것인가?", "어떤 임차인에게 이 공간을 임대할 수 있을까?" 등의 질문을 먼저 던져야 합니다. 예를 들어, 성수동과 같은 지역에서는 과도한 현대화나 신축이 오히려 지역의 분위기와 맞지 않아 임대료 상승으로 이어지지 않을 수 있습니다.

솔직한 마음을 전하면, 반드시 필요한 경우가 아니라면 리모델링을 하지 않는 것이 더 좋을 수 있다고 봅니다. 결과적으로 월세나 건물 가치가 크게 오르지 않는다면, 굳이 리모델링을 할 필요가 없잖아요. 신축보다도 더 복잡하고 어려울 수 있습니다. 그래서 **저는 리모델링의 범위를 정하는 것이 프로젝트의 가장 중요한 첫 단계라고 생각합니다.** 이를 위해서는 우리가 선택할 수 있는 옵션들을 먼저 파악하는 것이 중요하고요.

가끔 건축주가 "저희는 수직 증축해주세요"라고 요구하는 경우가 있습니다. 실제로 증축이 필요하지 않은 상황에서도 말이죠. 이럴 때 설계자는 발주처의 요구에 따라 불필요한 작업을 하게 되는 경우가 있습니다. 제가 경험한 한 사례를 들어볼까요. 12m 도로를 마주한 7층짜리 건물의 3개층 증축에 대한 검토와 설계 요청을 받았습니다. 초기에 우리는 이 경우 신축과 비슷한 수준의 공사비가 예상된다고 조언했습니다. 건축주께서는 여러 요소를 고려하신 후 프로젝트 진행을 의뢰했고, 우리는 설계와 허가, 시공사 선정 단계까지 함께 진행했습니다. 그러나 최종적으로 시공사가 제시한 견적이 신축 비용과 비슷한 수준이어서 결과적으로 프로젝트가 중단되었습니다. 이 과정에서 투자된 시간과 노력을 생각하면 아쉬움이 남습니다.

다시 한번 말씀드리지만 리모델링은 자신에게 가장 적합한 범위를 지정하는 것만으로도 남은 과정을 더 순탄하고 주도적으로 이끌어갈 수 있습니다. 그래서 우리가 이런 점들을 잘 이해하고 있는 것이 매우 중요합니다. 리모델링은 단순한 공사가 아니라 전략적인 결정이라는 점을 항상 명심해야 합니다.

실전 리모델링 1
리모델링 결심 전 체크리스트

불법 건축물인가요? ☐

· 용도에 적합한 사용 여부: 등기부등본이나 건축물대장 등에서 허가된 건물 용도와 실제 사용 상태와 비교
· 불법 증축 여부: 건축물대장에 기재된 건축물의 면적과 실제 면적 확인, 건물 외부에 추가된 구조물이나 확장된 공간 여부 확인
· 임의 개조 여부: 내부 벽체가 제거되거나 신설된 경우, 계단이나 창문 등의 위치가 변경된 경우에 그 근거 확인

증축 가능한가요? ☐

· 건축물대장과 도시계획법에 명시된 용적률 및 건폐율을 확인해 현재 건물이 어느 정도의 비율을 차지하고 있는지 확인

기존 건축물의 현황 도면을 확보할 수 있나요? ☐

· 구청 건축과 문의: 단, 오래된 건물이나 불법 건축물의 경우 보유 도면이 없을 수도 있음
· 건축사사무소 문의: 해당 건물의 설계사무소나 건축사에게 문의해 도면을 요청할 수 있음
· 도면 부재 시 대응책: 전문 업체 의뢰 → 건물 측량 실시 → 측량 기반 재도면 작성

도로 및 현장 여건 중 우려스러운 점에는 어떤 것이 있나요? ☐

· 접근성: 자재와 장비 진입 가능성 확인
· 교통상황: 공사 중 혼잡 가능성 평가
· 도로점용: 필요 시 허가 신청
· 인접건물: 거리 확인 및 민원 예방 대책 수립
· 인프라: 전기, 수도, 가스, 배수 설비 점검 및 업그레이드 필요성 검토

설비, 정화조, 엘리베이터 상황을 확인해보세요. ☐

· 전기: 배선 상태, 용량 적정성
· 수도: 배관 노후도, 수압
· 난방: 보일러/온수기 작동, 배관 상태
· 가스: 누출 여부, 배관 안전성
· 정화조: 용량 적정성, 내부 상태
· 엘리베이터: 안전성, 업그레이드 필요성

주차대수 산정(과거와 현재의 법률적 검토)에 변경이 있나요? ☐

· 과거: 건물 용도별 단순 기준
· 현재: 용도, 크기, 위치, 사용 인원 등 고려한 세분화된 기준

리모델링 전/후 임대료는 얼마나 차이가 있나요? ☐

· 인근의 같은 규모 신축 건물의 임대료와 비교

02

설계 전,
돈 버는 기획 먼저

도심 속
다이아몬드를
찾는 법

네 개의 땅이 있습니다.
다음 중 가장 가치가 높은 땅은 어디일까요?

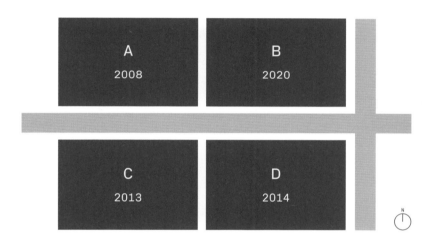

공동조건

· 제3종 일반주거지역
· 건폐율 50%, 용적률 250%
· 정북일조사선제한 영향 최소, 2면 도로 접도

정답은 >

D > C > B > A 순입니다.
같은 용도지구라도 땅의 가치를 가르는 요소가 있습니다.

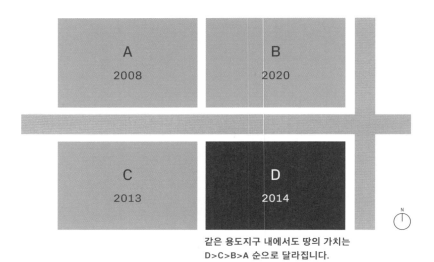

같은 용도지구 내에서도 땅의 가치는
D>C>B>A 순으로 달라집니다.

리모델링에 관심을 갖고 이 책을 펼친 분들이라면 직감적으로
B와 D 필지를 고르실 겁니다. 코너 필지가 가시성도 좋고, 접근
성도 좋으니까요. 맞습니다. 그러나 입지만이 모든 것을 결정하
지 않죠. 그 이야기를 해보겠습니다.

리모델링과 신축, 그 기로에서 고민을 끝냈다고 한숨 돌리는
틈이 무색하게 리모델링 프로젝트는 이제 시작되었습니다. 의심
과 확신, 검토와 결정을 왕래하며 치밀하게 준비하고 세세하게

추진해야 임대인에게 사랑받는 건물, 도시에서 오래가는 건물로 리모델링할 수 있기 때문이죠. 그렇기에 우리는 리모델링을 단순히 이론적인 설계 관점으로만 접근해서는 부족하다고 생각합니다. 현재 사회의 조건, 우리의 생활을 바탕으로 한 건축기획, 그 노하우가 필수적으로 개입되어야 한다고 믿습니다.

사실 이러한 노하우는 매물을 찾으러 나온 순간부터 필요합니다. 다시 말해 매물을 찾을 때에도 노련한 기획자의 시선이 있어야 한다는 거예요. 그래야 눈에 보이는 현재 층수나 면적 너머에 있는 건물의 잠재 가치를 볼 수 있거든요. 우리가 '도심 속 보석'이라 칭할 법한 건물들을 말이죠. 그 노하우를 하나씩 말씀드려 보겠습니다.

먼저 리모델링 강의 때마다 강조하는 말이 있습니다. 기초적인 건축법만 알고 계셔도 보석이 될 수 있는 건물을 만날 확률이 높아진다고요. 어떻게 그럴 수 있냐고요? 건물이란 무릇 도시의 용도지역지구, 건폐율과 용적률에 기초해 만들어지기 때문이죠.

도로 사선제한에 따라 지어진 건물을 체크하자

첫 번째로는 2015년 5월 18일 자로 폐지된 건축법 제60조 '도로 사선제한에 관한 법률'을 소개해 드립니다. 이는 도로면 및 맞은편 건축물의 일조, 채광, 통풍 따위를 고려해 모든 건축물의 도로에 접한 부분의 높이는 그 필지가 접하고 있는 도로 폭의 1.5배를 초과하지 못한다는 규정이었습니다. 주택가같이 좁은 도로에 면한 필지를 의식하며 시민의 보행 환경, 그리고 도시 환경적인 개방감 등을 위하는 측면에서 제정된 법이었으나 세월이 흐르며 과도한 건축 규제라는 목소리가 커지자 결국 폐지를 맞이했습니다. 이 말은 당시 '도로 사선제한에 관한 법률'에 따라 높이를 제한해야 했던 건물이 개선할 여지가 생겼다는 뜻이죠. 사선으로 깎인 면을 수직으로 반듯하게 펼 수 있다는 말은 크게 리모델링에 있어 두 가지의 이점을 약속합니다. 사선제한 없이 심미적으로 더 나은 디자인을 시도할 수 있고, 만일 건물의 용적률이 남아 있다면 수평 증축까지 가능하다는 거예요.

제로투엔이 설계부터 시공을 진행해 2024년 11월 준공한 **논현동 86-15 마일스톤 프로젝트**가 딱 그러한 사례였습니다. 학동로 이면에 위치한 논현동 86-15 필지에는 지하 1층, 지상 6층의 근린생활시설이 있었습니다. 필지는 직사각형으로 반듯한 모양이었으나 도로 사선제한으로 4층부터 건물을 가로지르는 가상의 선을 따라 덩어리가 깎여나간 형태였어요. 건축주는 몇 번의 신축, 리모델링 경험을 갖고 있던지라 저희에게 의뢰할 때부터 리모델링을 염두에 두고 있었습니다. 도로 사선제한 폐지, 나아가 수평 증축을 통해 현재 232%인 용적률을 250% 최대치로 늘리는 '활용성 극대화'라는 사업 목표도 뚜렷하게 가지고 계셨지요. 그래서 저희 역시 설계 초기부터 볼륨을 확대하면서 심미적으로 아름다운 건물을 만드는 과정에 바로 뛰어들 수 있었습니다.

참고로 도로 사선제한은 폐지되었지만, 정북일조권 사선제한은 유지되고 있음을 함께 알아두면 좋습니다. 정북일조권 사선제한이란 건축법 시행령 제86조 "일조 등의 확보를 위한 건축물의 높이 제한"을 말합니다. "전용주거지역이나 일반주거지역에서 건축물을 건축하는 경우에는 건축법 제61조 제1항에 따라 건축물의 각 부분을 정북(正北) 방향으로의 인접 대지경계선으로부터 다음 각 호의 범위에서 건축조례로 정하는 거리 이상을 띄어 건축하여야 한다"라고 규정하고 있습니다. 높이

10m 이하인 부분은 인접 대지경계선으로부터 1.5m 이상, 높이 10m를 초과하는 부분은 인접 대지경계선으로부터 해당 건축물 각 부분 높이의 2분의 1 이상을 띄어야 한다고 말이죠.

　즉, **두 법률이 만든 건물의 형태는 '사선제한'이란 단어가 말하듯 결과적으로는 비슷해 보이나 엄연히 다른 조건을 따르고 있습니다.** 그러니 사선제한 건물을 검토할 때 이 사선이 현재는 폐지되어 새롭게 리모델링할 수 있는 여지를 지닌 '도로 사선제한'인지, 아닌지를 꼼꼼히 살펴보시기 바랍니다.

도로 사선제한이 있었던 마일스톤 프로젝트 현황도

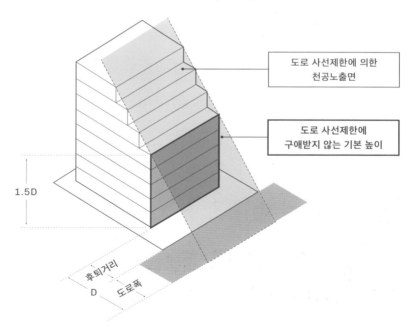

도로 사선제한에 의한
천공노출면

도로 사선제한에
구애받지 않는 기본 높이

1.5D

후퇴거리
D　도로폭

마일스톤

건축위치: 서울특별시 강남구 논현동 86-15 외 1필지 건축용도: 근린생활시설
건축규모: 지상 6층, 지하 1층 대지면적: 332.40m² 건축면적: 198.92m²
연면적: 1019.46m² 건폐율: 59.84% 용적률: 249.63%
설계·시공사: 제로투엔건축사사무소종합건설(주)

Before

After

특정 시기에 준공한 건물의 용적률을 확인하자

두 번째는 용적률이에요. 시간이 흐르며 용적률 산정 시 포함하는 면적, 지역지구당 기준 용적률 등도 변화를 맞이했습니다. 이 뜻은 개발하기 좋은 시기에 태어난 건물들을 찾아야 한다는 말과 같습니다.

가끔 길을 걷다가 '이곳에 이렇게 지을 수 있었다고?' 하는 생각이 드는 건물들을 만나는 까닭도 바로 여기에 있습니다. 이런 필지의 건물들은 철거하고 신축하면 오히려 현재 법규의 용적률로 맞춰야 하므로 공간이 줄어들어야 하죠.

예컨대 2003년 6월 29일까지는 일반주거지역의 건폐율과 용적률은 단일했습니다. 건폐율 60% 이하, 용적률 300% 이하로 말이죠. 그러나 2003년 6월 30일 이후, 여러분도 아시다시피 일반주거지역을 3종으로 나누고 각각 건폐율과 용적률을 차등 적용했습니다.

역삼동 645-9 HY 빌딩 프로젝트가 좋은 예가 될 것 같습니다. 철거 후 신축할 것이냐, 리모델링할 것이냐를 두고 고민하다가 건축물대장 검토를 통해 결정한 사례이거든요. 보니까 허가일 2003년 2월 28일 자에 건폐율 59.32%, 용적률 298.99%였습니다. 만일 철거 후 신축을 한다면 제3종 일반주거지역이므로 건폐율 50% 이하, 용적률 250% 이하로 지어야

2023년 6월 30일 이후 일반주거지역 건폐율과 용적률

구분	건폐율	용적률
제1종 일반주거지역	60% 이하	150% 이하
제2종 일반주거지역	60% 이하	200% 이하
제3종 일반주거지역	50% 이하	250% 이하

했죠. 상황이 이렇다 보니 리모델링을 결정하는 일도 수월해졌습니다.

처음 드린 문제에 대해 마저 이야기해볼까요. 앞서 소개한 관점을 보면 B 필지는 2020년 준공이고, D 필지는 2014년 준공이네요. D 필지는 도로 사선제한에 관한 법률이 있을 때 지어졌겠군요. 용적률이 남아 있다면 수평 증축으로 깎인 매스를 펴낼 가능성이 있으니 더 잠재 가치가 높다고 할 수 있겠습니다. 마찬가지로 C 필지 역시 수평 증축의 가능성이 있다고 볼 수 있습니다.

이와 같이 여러분도 리모델링할 건물을 모색할 때 준공연도 등 잠재 가치를 종합적으로 판단해보세요. 전망하건대 2003년 상반기에 준공한 건물만 해도 현재 사용한 지 20년이 넘었기에 지금이 리모델링하기에 적합한 타이밍이라고 생각합니다.

정북일조권 사선제한에 따른 건축물의 외관 디자인 제약

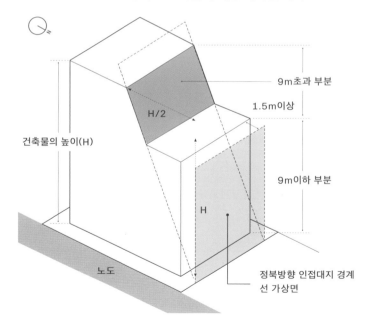

건축물의 높이(H)

9m초과 부분

1.5m이상

H/2

9m이하 부분

H

노도

정북방향 인접대지 경계선 가상면

∧ Before
> After

HY빌딩

위치: 서울특별시 강남구 역삼동 645-9 용도: 제2종 일반주거지역, 도시지역
규모: 지하 1층, 지상 6층 대지면적: 284.4m² 건축면적: 168.7m² 연면적: 936.3m²
건폐율: 59.32% 용적률: 270.73% 설계·시공사: 제로투엔건축사사무소종합건설(주)

수상 ◀ 2024 한국리모델링건축대전 우수상

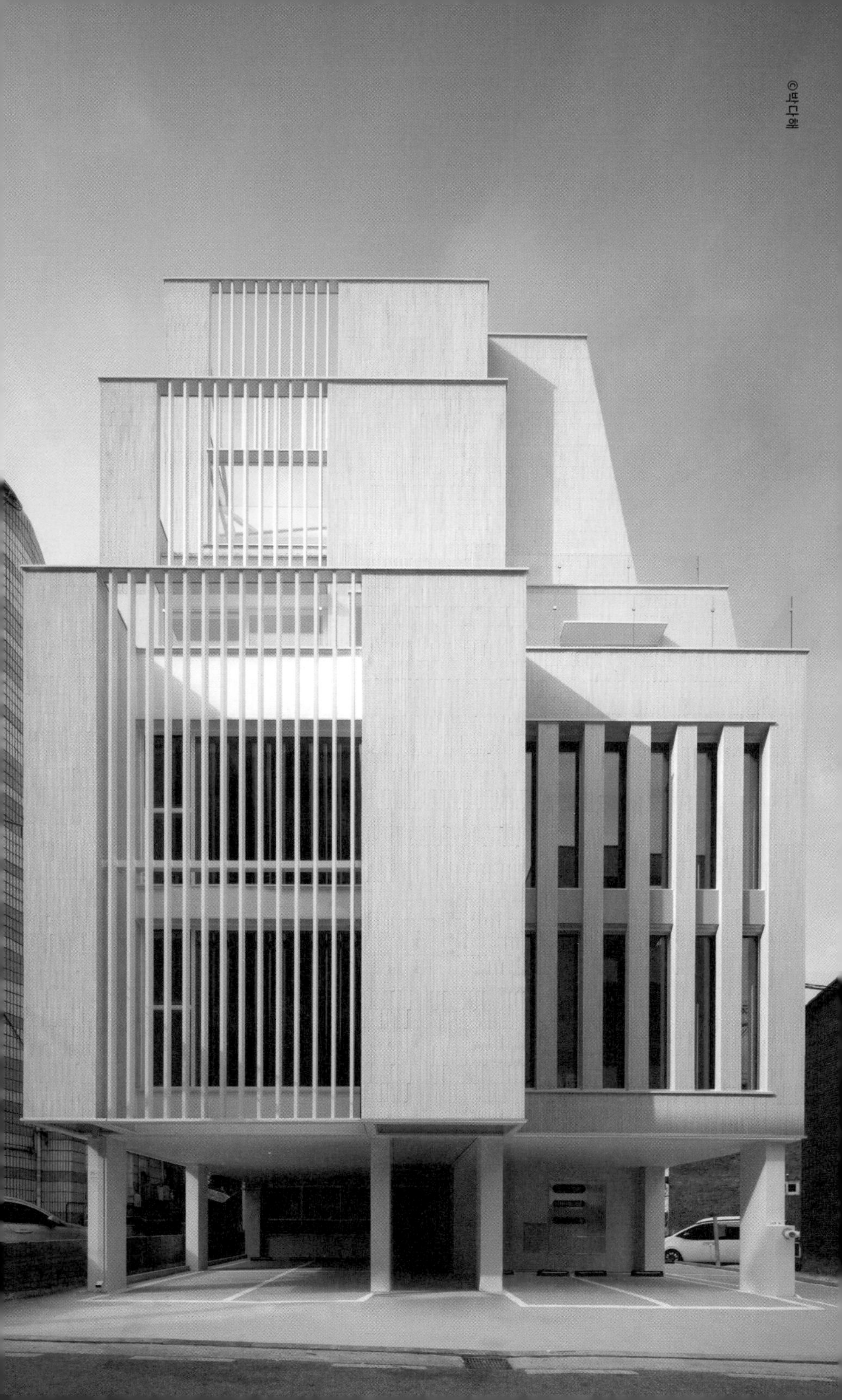

©박다혜

정북일조권 사선제한을 적용한 사례: 완상재

완상재
위치: 서울특별시 강남구 대치동 916-27 용도: 근린생활시설, 도시형생활주택
규모: 지하 1층, 지상 6층 대지면적: 346.80m² 건축면적: 197.31m² 연면적: 858.35m²
건폐율: 56.89% 용적률: 187.75% 설계·시공사: 제로투엔건축사사무소종합건설(주)

리스크를
기회로 바꾸는
계약 기술

부동산 계약 전 반드시 확인해야 하는 항목은
다음 중 몇 개일까요?

불법건축물의 여부	증축 가능 여부
도로 및 현장 여건	기존 건축물의 현황도면
지역·지구, 건축제한 확인	설비, 정화조, 엘리베이터의 상태 검토
주차대수 산정 (과거와 현재의 법률적 검토)	리모델링 전·후 임대료의 파악

정답은 >

소개한 항목 전부가 부동산 계약 전
반드시 확인하면 좋을 정보입니다.

살면서 마주하는 각종 영역을 통틀어 보더라도 부동산 계약은
대부분의 사람들에게 늘 어렵고 부족한 경험 지대에 남습니다.
그러므로 계약 체결 전 돌다리도 두들겨보고 건넌다는 마음가
짐으로 더욱 공부하고 꼼꼼히 따져야 한다고 생각합니다. 특히
리모델링 사업을 위해 건물을 매입할 때는 더욱더 각별히 신경
을 써야 하는 이유가 있어요. 철거 후 신축이 기존 건물의 이력
을 지우고 백지 같은 상태에서 새로 출발하는 일이라면 리모델
링은 기존 건물의 조건, 상황 등을 기반하여 내 이야기를 쓰는
일이니까요. 건물의 구조, 노후도 등이 리모델링 공사 범위와 비
용의 상당 부분을 좌지우지할 것이고, 향후 쓰임새에 따른 용도
변경, 구조 변경, 공간 계획 등이 그 기반 위에 설 겁니다. 그러
므로 리모델링을 위한 건물 매입 시에는 사전에 건물 실태와 제

반 규제 사항을 면밀히 살펴야 하므로 부동산 계약에 신경 쓸 필요가 있습니다.

이와 관련해 소개할 에피소드가 하나 있습니다. 2023년 한 건축주가 의뢰한 리모델링 프로젝트였어요. 종로 신교동에 있는 3층짜리 순댓국집 건물로, 매입 후 제로투엔에 찾아오셨지요. 건축주는 이 건물을 리모델링해 카페 사업을 시작하고자 했습니다. 우리는 공간 기획 전 현장 조사를 통해 현황을 파악하고 설계를 시작하는 편이지만, 계약 당시 순댓국집 명도 이전이 원활하지 않아 실내를 볼 수 있는 기회가 없었습니다. 아쉬운 대로 바깥에서 본 건물의 외관과 순댓국집에서 식사하며 둘러본 실내 일부를 바탕으로 건축주의 바람을 설계로 옮겨냈어요.

드디어 명도 이전이 완료되었고, 구조기술사와 동행해 현장 조사를 진행했습니다. 그리고 당황스러운 소식을 확인하게 됩니다. 건축물대장에 '철근콘크리트조'라고 기재되어 있었으나 알고 보니 철근콘크리트조는 극히 일부이고, 대다수가 조적조인 건물이었던 것을요. 외관에서 보기에 기둥이 일부 드러난 듯한 디자인도 사실 '장식물'이었던 것입니다.

조적조 리모델링은 철근콘크리트조보다 까다롭습니다. 구조를 건드리는 부분이 아무리 적더라도 많은 구조보강을 필요로 합니다. 즉 예상 공사 일정, 예상 공사비를 훨씬 초과하는 상황이 된 겁니다. 설상가상으로 건물이 대지경계선을 벗어나 있었어요. 이 뜻은 건물의 연면적이 1제곱미터만 변해도 현행 대지경계선에 따라 건물을 부분 철거해야 한다는 뜻입니다. 만일 해당 부분을 깎아내고 수직 증축에 도전한다고 해도 구조보강 비용이 훨씬 더 드는 꼴이니 전체 프로젝트 규모를 기준으로 사업성을 판단했을 때 특장점이 보이지 않았습니다. 결국 이 건물은 초기 기획안을 되돌리고, 기존 건물의 외관을 새로 도장하고,

Before

신교동 리모델링 프로젝트

위치: 서울특별시 종로구 신교동 52 용도: 근린생활시설 규모: 지상 3층
대지면적: 69.4m² 건축면적: 66.11m² 연면적: 202.33m² 건폐율: 95.2%
용적률: 291.5% 설계·시공사: 제로투엔건축사사무소종합건설(주)

After

실내 인테리어에 힘을 싣는 상황으로 전환하여 진행 중입니다.

이처럼 리모델링은 계약할 당시 조건과 다른 뜻밖의 상황을 마주할 때 리스크도 잇따릅니다. 그러므로 우리는 예비 건축주에게 건물 매입 전 현장 조사를 권장하고 있습니다. 상호 간에 올바르고 건강한 거래를 위해 가능한 한 건물에 가장 가깝게 다가가 현황을 파악하고 계약을 체결하기를 바랍니다. 이에 현장 조사 단계에 확인하면 좋을 사항을 몇 가지 알려드리고자 합니다.

위반 건축물 여부

위반 건축물은 크게 두 가지로 나눌 수 있는데, 하나는 의도적으로 법을 위반한 경우이고, 다른 하나는 건축 당시에는 적법했으나 현재 법규에 맞지 않게 된 경우입니다. 위반 건축물인 경우 증축 등을 위해 구청에 신고나 허가를 진행할 때 현행 법규에 맞춰 수정해야 하는 경우가 많아요. 이는 우리가 할 수 있는 리모델링의 범위를 상당히 제한할 수 있기 때문에, 현행법 기준으로 위반 사항이 있는지 미리 파악하는 것이 중요합니다. 구체적으로는 건물이 대지경계선을 침범하지는 않았는지, 허가나 신고 없이 증설한 면적은 없는지 등을 현행 건축법에 따라 철저히 점검해야 합니다. 이를 파악하는 가장 좋은 방법은 기존 건물을 파악할 수 있는 가장 확실한 데이터, 도면*을 확인하는 것입니다. 계약 체결 전 미리 전달받을 수 있는지 공인중개사

* 1990년대 이후에 지어진 건물들은 대부분 구청에 도면이 등록되어 있다는 점을 아시면 도움이 될 것 같습니다. 건물주라면 구청에 요청해서 이 도면을 쉽게 받아볼 수 있어요.

를 통해서 혹은 매도자에게 직접 확인해보시는 걸 추천드립니다.

증축 가능 여부

지역·지구, 건축 제한 등의 확인을 통한 용적률 여분 점검과 더

불어 기존 건물의 구조를 면밀히 점검하는 것이 매우 중요합니다. 이는 단순히 현재 상태를 파악하는 것뿐만 아니라, 향후 증축이나 철거 가능성을 가늠하기 위해서입니다. 이상적으로는 구조기술사의 정밀한 구조 진단이 가장 좋겠지만, 현실적으로 건물 매입 검토 단계에서 그만한 시간과 비용을 투자하기는 쉽지 않습니다. 그러므로 전문 장비를 동원한 정밀 진단 대신, **구조기술사와 함께 현장을 방문해 육안으로라도 상황을 점검한다면 잠재적 리스크를 상당 부분 파악할 수 있어요.** 부동산 중개인과 협력 관계에 있는 건축사나 구조기술사가 있다면, 소정의 출장비를 지급하고 동행을 요청하는 것도 좋은 방법입니다.

또한 예기치 못한 구조적 문제로 인한 분쟁을 방지하기 위해 계약서에 특약 사항을 기록하는 것이 좋습니다. 예를 들어 "건축물대장의 구조 정보와 현장 상황이 상이할 경우 ~ 조건을 이행한다"와 같은 조항을 넣어 향후 발생할 수 있는 문제에 대비할 수 있습니다. 이러한 사전 점검과 계약상의 안전장치는 앞에서 언급한 신교동 리모델링 사례와 같은 예상치 못한 상황을 미연에 방지하는 데 도움이 될 것입니다.

도로 및 현장 여건

도로 상황은 매우 중요한 고려 사항이에요. 특히 도로에서 벗어난 위치나 막다른 골목에 있는 건물의 경우, 폐기물 처리나 자재 운반이 어렵기 때문에 일반적인 경우보다 공사 기간이 길어지고 비용도 더 많이 듭니다. 따라서 이러한 상황을 사전에 파악하고 예산 계획에 반영하는 것이 중요합니다. 예를 들어, 예상되는 추가 비용만큼 공사 예산을 늘리거나, 아니면 그만큼 건물 매입 가격을 낮추는 전략을 고려해볼 수 있어요.

실제 사례를 들어보면 도로 끝에 위치한 한 건물을 대상지로 작업한 적이 있습니다. 매입 가격이 주변에 비해 상대적으로 저렴해 건축주가 참 좋아했던 기억이 납니다. 그런데 부분 철거 비용부터 매 공정이 일반적인 경우보다 시간도, 비용도 두 배로 투입해야 했어요. 큰 차량 접근이 어려워 모든 작업을 인력으로 해야 했기 때문입니다.

더불어, 여기서 말하는 '현장'이라 함은 인접한 도로 상황까지를 포함합니다. 예를 들어, 버스정류장 앞이나 횡단보도 인근(보통 전후 10m 이내)은 차량 진입이 불가능한 경우가 많아요. 이는 공사 차량의 우회를 뜻하죠. 또한 대로변에 위치한 건물의 경우 한전 패드나 전신주와 같은 지장물도 봐야 합니다. 이들을 이전해야 할 경우, 상당한 비용이 발생합니다. 한국전력의 PAD(지상설치형 개폐기)의 경우 2~3억 원이 듭니다. 이는 대부분 건축주가 부담해야 합니다. 따라서 리모델링을 위한 부동산 매입 시, 건물 주변의 도로 상황, 지장물의 유무, 차량 진입 가능성 등을 꼼꼼히 확인해야 합니다.

정화조 현황 점검

기술적인 문제가 아니라 비용과 직결되는 중요한 요소도 있어요. 정화조의 용량은 건축물의 용도에 따라 다르게 책정됩니다. 예를 들어 사무실과 음식점에 요구되는 정화조 용량은 상당한 차이가 있어요. 따라서 건물의 용도를 변경할 때는 정화조 문제를 반드시 고려해야 합니다. 일례로 사무실을 음식점으로 용도 변경하려 할 때, 기존 정화조 용량이 충분하지 않다면 용도 변경이 불가능할 수 있습니다. 이 경우 정화조를 교체하거나 증설해야 하는데, 이는 상당한 비용과 시간이 소요되는 작업이에요. 따라서 리모델링을 계획할 때는 반드시 이 부분을 사전에 점검하고 고려해야 합니다.

주차대수 산정

리모델링이나 증축 계획을 세울 때 많은 이들이 간과하는 중요한 요소가 있습니다. 바로 주차 공간입니다. 건축법상 건물의 용도와 연면적에 따라 법적으로 확보해야 하는 주차대수가 있어요. 따라서 건물을 증축할 경우, 대부분 주차 공간도 함께 늘려야 합니다. 이 과정에서 1층 면적이 줄어드는 경우가 빈번히 발생하고요.

많은 사람들이 흔히 범하는 오류는 용적률만을 기준으로 증축 가능성을 판단하는 것입니다. 예를 들어, 건축법상 용적률이 200%인데 현재 건물이 100%만 사용 중이라면, 단순히 나머지 100%를 모두 증축할 수 있다고 생각하기 쉽습니다. 하지만 조금 더 들어가 보면 법정 주차 대수 확보를 위해 1층 면적의 상당 부분을 포기해야 함을 알 수 있습니다. 이는 매우 심각한 문제입니다. 일반적으로 1층은 임대료가 가장 높은 공간이기 때문에, 1층 면적의 감소는 곧바로 임대 수익 감소로 이어질 수 있거든요. 따라서 리모델링이나 증축을 계획할 때는 단순히 남은 용적률만 고려할 것이 아니라, 주차 문제까지 종합적으로 검토해야 합니다.

리모델링 전·후의 임대료 파악

특히 인근의 신축 건물 임대료를 파악하는 것이 가장 효과적인 방법입니다. 왜냐하면 리모델링의 목표는 결국 신축에 준하는 환경을 만드는 것이기 때문입니다. 예를 들어 현재 건물 임대료가 평당 10만 원인데, 인근 신축 건물의 임대료가 20만 원이라고 가정해봅시다. 이 경우 리모델링의 경제성을 재고해볼 필요가 있겠지요. 이러한 시장조사는 리모델링 투자의 타당성을 판단하는 기준이 됩니다. 또한 리모델링 후 적정 임대료 설정에도 도움이 되어, 투자 회수 기간을 예측하는 데 유용한 정보가 됩니다.

이러한 검토 끝에 건물을 매입하겠다는 확신이 들었으면 다음으로 거래 조건을 꼼꼼히 짚어야 합니다. 사업이란 곧 시간과의 승부이므로 막힘없는 타임라인을 위해서는 아래 사항들을 계약 시 확인하고 정해 두어야 사업에 속도를 붙일 수 있습니다.

명도 책임 진행

명도는 매도인 책임으로 하는 게 중요합니다. 명도가 늦어지면 사업 진행에 차질이 생깁니다. 한 사례로 역삼동 리모델링 프로젝트를 소개해드릴게요. 11월 명도를 진행하고 이듬해 1월에 잔금을 치르고 착공에 들어가기로 한 프로젝트였습니다. 그런데 매도인과 임차인과의 실랑이로 1월이 지나 명도가 이뤄졌고 잔금을 3월에 치르게 되었어요. 결국 매수인은 계약금과 중도금을 치르고도 사업을 일시 정지해야 했지만, 그 기간 동안 대출이자 등을 치러야 하는 셈이 되었죠. 그러므로 거래 진행에 있어 명도 책임 여부를 확실하게 특정하고, 매도인이 이 일을 거부할 시 값을 충분히 조율해두는 일이 필요합니다.

건물 내 주택 유무(용도 변경 가능 여부)

특히 조정대상지역*에서 주택이 포함된 건물을 매입할 때는 주의가 필요합니다. 현행 지방세법에 따르면, 이런 경우 취득세가 중과될 수 있기 때문입니다. 그렇기 때문에 만약 해당 주택을 사용할 계획이

* 조정대상지역이란 주택 가격 상승률이 물가 상승률의 2배 이상이거나 청약 경쟁률이 5대 1 이상인 지역 등을 말합니다. 현재 주택시장 상승이 지속되고 있는 경기, 인천, 대전, 청주 중 일부지역을 제외한 전 지역을 조정대상지역으로 지정하고 있습니다. 비슷한 개념으로, 투기과열지구도 있습니다. 조정대상지역 지정 후에도 과열이 지속되고 있거나, 비규제지역 중 과열이 심각한 지역 중 경기 10개 지역, 인천 3개 지역, 대전 4개 지역을 투기과열지구로 지정하고 있어요.

없다면, 매입 전에 용도 변경을 고려해볼 수 있습니다. 전략은 매도인과의 협의입니다. 매도인의 이름으로, 그리고 잔금 지급 전에 용도 변경을 진행할 수 있도록 합의하는 것입니다. 이렇게 하면 매수자는 주택이 아닌 상태의 건물을 취득하게 되어, 취득세 중과를 피할 수 있어요. 이러한 접근 방식은 불필요한 세금 부담을 줄이고 투자 효율성을 높이게 할 것입니다.

멸실(철거) 가능 여부

거래 전 철거를 해주는 경우는 극히 드뭅니다. 대신 최대한 절차를 앞당길 수 있는 방편을 마련해두면 좋습니다. 3장 '계약 전, 최선의 협력자를 가려내는 안목'에서 더 자세히 설명드리겠지만 현재 철거 신청 접수부터 진행까지 약 2개월로 긴 편입니다. 그러므로 계약금 입금 또는 중도금 입금 시 철거 신청 진행 등의 조건을 설정해두면 매입 이후 사업 진행에 유리할 수 있습니다.

계약금·중도금·잔금 조건

잔금 지급 전 매도인이 해야 할 일들을 계약서에 구체적으로 명시하는 것이 필요합니다. 예를 들어 매도자의 명도 의무를 "잔금 지급 전 이행한다"와 같이 명확하게 계약서에 기재하는 것이죠. 또한 용도 변경이나 철거 신청 등 중요한 절차에 대해서는 중도금 납부를 조건으로 하는 경우가 일반적입니다. 중도금을 납부하면 계약의 이행 의무가 더욱 강화되므로, 이 시점을 기준으로 삼는 것이지요. 서로 일의 진행 과정을 파악할 수 있고요. 이는 거래의 안전성을 높이고, 향후 발생할 수 있는 분쟁을 예방하는 데 도움이 됩니다.

공실 상태 및 임대 정보 체크

재실 상태로 공사를 진행할 것인지, 아니면 완전한 공실 상태에서 공사를 할 것인지에 따라 공사의 순서, 방식, 그리고 전반적인 접근 방법이 크게 달라집니다. 재실 상태에서의 공사는 가능은 하지만, 여러 가지 도전과제를 동반하죠. 예를 들어 현 입주자의 일상생활이나 영업 활동에 미치는 영향을 최소화하기 위해 추가적인 안전 조치나 임시시설 설치가 필요할 수 있으며, 공사 시간도 제한될 수 있습니다. 반면, 공실 상태에서의 공사는 이러한 제약 없이 더 효율적으로 진행될 수 있지만, 그만큼 임대 수익의 일시적 손실을 감수해야 합니다. 따라서 건물의 현재 사용 상태와 향후 명도 가능성을 정확히 파악하는 것이 예상되는 비용과 기간을 보다 정확하게 산정할 수 있는 비결이 될 수 있습니다.

유리 보양,
현장 입구 등
분데스 언주의
재실 공사 모습

건물의
가치를 좌우하는
1평의 발견

다음 중 임대상품성이 가장 좋은 것을 골라보세요.

A

B

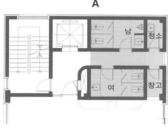

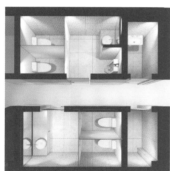

Vs.

정답은 >

저희는 A안을 건축주에게 제안했습니다.
물론 전용 공간과의 관계나 필요한 위생기구의 개수 등에 따라
화장실 계획의 세부 사항은 달라질 수 있겠지만,
단 1평 정도의 공간이라도 청소용 세면대와 창고를
별도 배치한 것만으로도 사용성이 크게 향상될 것이라고 예상합니다.
이런 작은 차이가 시장에서 가치를 창출하는 것이죠.

"전용면적은 돈이다." 리모델링 강의를 시작하며 늘 드리는 첫 마디입니다. 건축물이 시장에서 '거래'라는 단계에 진입할 때 돈으로 환산되는 과정을 피할 수 없는데, 그 환산율에 가장 직접적으로 영향을 미치는 게 바로 전용면적이기 때문입니다.

특히 리모델링은 기존 건축물이라는 바탕이 주어진 채 시작하는 수싸움입니다. 그러므로 이 활용도를 끌어올리기 위해서는 영리한 한 수가 필요한 법이죠. 이런 까닭에 우리는 숨어 있는 1평을 찾아내는 노력까지 해야 한다고 강조합니다. 그렇다면 이 숨어 있는 1평을 찾아내기 위해서는 어디를 주목해야 할까요?

엘리베이터에 숨은 1평

건축법 시행령 제119조 제1항 3조를 한번 봐주세요. 2014년 11월 29일자로 신설된 이 법의 차항은 "장애인·노인·임산부 등의 편의증진 보장에 관한 법률 시행령 별표 2 제3호 가목(6)에 따른 장애인용 승강기, 장애인용 에스컬레이터, 휠체어 리프트, 경사로 또는 승강장은 바닥면적에 산입하지 아니한다."고 말하고 있습니다. 다시 말해 2014년 11월 28일까지 허가받은 건물이라면 리모델링 시 장애인용 승강기로 교체하고 해당 법규를 적용해 그 바닥면적의 총합만큼을 용적률 산정에서 제외할 수 있다는 뜻입니다. 그렇다면 증축해 실내 면적을 넓힐 수 있겠죠.

물론 장애인용 승강기 설치로 끝나는 일은 아닙니다. 이를 위해서 장애인을 위한 보행 환경을 두루 갖춰야 합니다. 그러므로 실전 적용 전 도로와 내 건물이 만나는 부분, 건물의 1층 부분을 특히 잘 보고 보완이 필요한 부분이 있는지 선제적으로 확

승강기 공사 모습

인해야 합니다. 휠체어 사용자의 접근을 원활하게 하겠다는 뜻인 만큼 도로부터 건물 진입로까지 레벨 차가 없거나 장애인용 보도 램프 기준을 준수하도록요.

우리 프로젝트는 아니지만 실제로 있었던 일입니다. 장애인용 승강기를 설치하면서 연면적을 추가 확보하고 리모델링을 완료했는데 사용승인이 나지 않은 건물이 있었습니다. 이유인즉슨, 도로에서 건물로 들어가는 데 단차가 있었던 겁니다. 옛 건물의 경우 침수 등의 피해를 막기 위해 계단 한 개 높이만큼 단차를 두는 경우가 흔했지요. 이때는 사용승인 심사 전 해당 기단을 깎아내 진입로를 만들거나 적정 보도 램프를 만드는 작업이 선행되었어야 하는데, 누구도 그런 대비를 하지 않았던 것입니다. 사용승인 불가 소식 앞에서 건축주, 시공사, 설계사 모두 책임 돌리기에 급급했고, 결국 3개월이란 시간을 허비하게 되었습니다. 즉 장애인용 승강기를 설치하면 진입로 레벨에 대해서도 면밀하게 검토를 진행해야 합니다.

화장실에 숨은 1평

화장실 개수, 위치, 크기 등을 어떻게 기획하느냐에 따라 전용 공간의 사용성이 더 증대될 수 있다는 사실, 알고 계셨나요? 숨은 1평을 찾기 좋은 곳, 바로 화장실입니다. 임대상품성과도 연관되어 있다니 리모델링 건축 기획 때 면밀히 봐야 하는 곳 중 하나가 분명합니다.

먼저 화장실을 공용 공간, 전용 공간 중 어디에 만드는 게 좋을까요? 각각 장단점이 있습니다. 공용 공간에 있다면 상대적으로 전용 공간이 반듯하게 구획될 확률이 높죠. 다만, 전용면적이 줄어들 것입니다. 반대로 전용 공간에 있다면 전용면적을 최대화할 수 있으나 전용 공간이 이형일 확률이 높아 임대성에 또 다른 영향을 미칠 수 있습니다. 더불어 남녀 화장실의 분리, 위생기구 개수, 문의 위치 등에 따른 공간구성 협의도 함께 검토되어야 합니다. 하나 더, 이 위치는 관리 책임에 대한 이슈로도 이어집니다. 공용 공간에 있다면 관리에 대한 임차인·임대인의 협의가 필요할 것이고, 전용 공간에 있다면 임차인이 관리할 것입니다.

한 건물 화장실의 적정 면적과 위생기구 개수를 산정하기 위해서는 상상력이 조금 필요합니다. 전용 공간을 기준으로 사용자를 상상해보는 거죠. 단순하게 보면 화장실 적정 면적은 전용 공간 대비 9~12%라고 말씀드릴 수 있으나 규모와 용도에 따라 차이가 있을 수밖에 없습니다. 그래서 저는 용도에 따라 상주 인원을 추산해봅니다. 전용면적이 32평인 사무실이라면 몇 명 정도가 근무할까요? 책상을 빽빽하게 배치하는 경우라면 평균적으로 1인당 2.5평 정도로 산정합니다. 그렇다면 열 명, 많아 봐야 열다섯 명 남짓이겠죠. 이 수를 토대로 남녀 비중을 따져 이용률을 상상해본다면 적정 값에 다가갈 수 있을 겁니다.

실전 사례: 마일스톤

2023년 10월에 제로투엔에 찾아온 논현동 86-15 건축주는 건물 임대업을 하고 있으면서 앞서 신축 경험도 있는 준전문가였습니다. 그는 학동로 이면에 수직으로 쭉 뻗은 신축 건물 사이로 홀연히 도로 사선제한을 드러내고 있는 건물을 발견하고는 깎여 있는 면을 채우는 수평 증축을 해 통임대 또는 분할임대를 하고자 설계를 의뢰했습니다.

건물은 근린생활시설이지만 지하 1층은 사진 스튜디오, 1층

마일스톤
위치: 서울특별시 강남구 논현동 86-15 외 1필지 용도: 근린생활시설
규모: 지상 6층, 지하 1층 대지면적: 332.4m² 건축면적: 198.92m²
연면적: 1,019.46m² 건폐율: 59.84% 용적률: 249.63%
설계·시공사: 제로투엔건축사사무소종합건설(주)

은 식당, 2층부터 6층은 사무실로 쓰고 있었습니다. 건축물대장상 건폐율은 59.84%(법정 60% 이하), 용적률은 235.38%(법정 250% 이하)이었습니다. 곧 우리는 수평 증축을 통해 용적률을 250%로 확대하고, 그리 넉넉하지 않은 공용 공간에서 사용 품질을 향상하겠다는 과제를 정의했습니다.

단순 계산으로는 기존 건물에서 48.59m²만큼 연면적을 넓히면 되는 문제였지만, 그렇게 간단하지는 않았습니다. 면적만 셈하면 테라스를 둔 3개층 중 2개층만 볼륨을 채우는 꼴인데, 이는 들이는 노력과 비용 대비 디자인적 변화를 크게 가져오지 못했어요. 우리는 연면적을 늘리면서 건물의 임대상품성을 개선할 디자인적 변화도 이뤄내야 했습니다.

우리는 용적률 249.9%를 내는 시나리오를 세 가지로 구상하고 건축주에게 제안했습니다. 먼저 기존 승강기를 유지하고 4~5층의 테라스 영역(48.3m²) 증축, 1층 수위실(2.53m²)을

기존 승강기를 장애인용 승강기로 바꾸면

장애인용 승강기 면적만큼 추가 면적을 확보할 수 있습니다.
* 법률상 장애인용 승강기 면적은 용적률에 포함 안됨

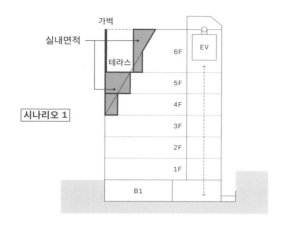

시나리오 1

법정 최대 용적률만큼
실내 면적 확보,
▶ 그러나 유휴공간을
최소화하는 방법 모색
필요

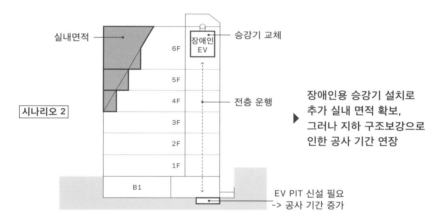

시나리오 2

장애인용 승강기 설치로
추가 실내 면적 확보,
▶ 그러나 지하 구조보강으로
인한 공사 기간 연장

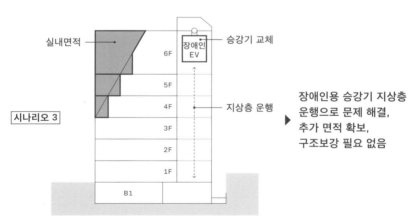

시나리오 3

장애인용 승강기 지상층
운행으로 문제 해결,
▶ 추가 면적 확보,
구조보강 필요 없음

철거한 후 해당 면적을 6층 테라스 일부 증축으로 적용하는 것이었습니다. 5층 상부를 테라스로 쓸 수 있으니 기존보다 가용 면적이 증가하는 효과를 낼 수 있습니다.

두 번째 시나리오는 기존 승강기를 장애인용 승강기로 교체하되 전층 운행으로 추진하는 안이었습니다. 승강기 면적이 기 바닥면적에서 제외되니, 약 5.5m² 곱하기 7개층, 33.96m²를 되찾은 효과가 납니다. 다만, PIT 신설과 간이 정화조 이설 등으로 인한 공사비 증가, 공사 기간 증가란 걸림돌이 있었죠.

이에 세 번째 시나리오로 장애인용 승강기를 지상층만 운행하는 모델로 제안했습니다. 약 31.08m² 전용면적을 되찾되 구조보강을 하지 않아도 돼 공사비나 공사 기간에 큰 변화를 초래하지 않는 방안입니다. 여기에 1층 수위실 철거로 얻은 면적을 더하니 4~6층 테라스 전부를 증축 대상으로 삼을 수 있었습니다. 글을 읽어오면서 짐작되듯이 건축주는 세 번째 시나리오를 선택했습니다. 숨어 있는 1평을 찾는 건축 기획으로 전용 공간이 12%나 증가한 효과를 거둔 셈입니다.

동시에 건축주가 중요하게 강조하는 대목이 하나 더 있었습니다. 바로 화장실이었는데요. 기존 것은 대변기 2개, 세면기 1개가 있는 남녀공용 화장실로, 공용 공간에서 진입하는 형식이었습니다. 건축주는 근린생활시설인 만큼 쾌적한 사용성이 담보되어야 임대성도 좋다고 생각하고 남녀 화장실 분리를 비롯해 각각 최소 2칸씩 확보, 남자화장실 소변기도 별도 비치를 요청하셨어요.

보통 설계 업무에서 화장실은 마지막 순서에 등장하곤 합니다. 산적해 있는 결정거리 앞에서 어찌 보면 화장실은 바로 눈에 띄지 않는 공간이니 결정의 후순위로 밀리기 마련이죠. 그러나 사실 제로투엔은, 그리고 건축주는 화장실 계획을 중요하게 생각하고 있었습니다. 그토록 홀대당하기 때문에 어쩌면 다른 건물과는 다르다, 이 건물은 편리하다는 인상을 결정하는 바로미터로 삼을 수 있다고 보았기 때문입니다. **특히 임대를 목적으로 한 건물이라면 실제로 화장실 위치나 구성이 그 임대상품성에 영향을 미칩니다.**

우리는 남녀 화장실을 구분하는 원칙 아래 공용 공간에 배치하는 경우, 전용 공간에 배치하는 경우, 위생도기 개수 등을 숱하게 수정하며 시뮬레이션하여 건축주가 바라는 구성을 도출할 수 있었습니다. 단순 산수로는 면적이 부족할 뻔했으나 공용 세면대란 아이템을 적재적소에 삽입해 전반적으로 화장실의 쾌적성을 높여나간 기획이 긍정적으로 작용했습니다.

수직 증축
Vs.
수평 증축
선택 기준

동일한 면적을 확장한다고 가정할 때,
수직 증축과 수평 증축 중 어느 쪽이 더 경제적일까요?

정답은 >

일반적으로 수평 증축이 더 저렴합니다.
수직 증축의 경우, 특히 구조보강이 필요한 상황이라면
비용이 크게 증가합니다. 기존 건물의 하중을 지탱할 수
있도록 기초와 구조를 강화해야 하므로,
이에 따른 추가 비용이 상당히 높아질 수 있어요.
반면 수평 증축은 상대적으로 구조적 변경이 적어
비용 면에서 유리한 경우가 많습니다.

제로투엔의 리모델링 프로젝트를 살펴보면, 세 건 중 두 건은 증축을 포함하고 있어요. 이는 아직도 많은 건물들이 개발 잠재력을 가지고 있다는 점을 시사합니다. 결국 이는 땅의 숨겨진 가치를 최대한 끌어올리는 효과적인 방법으로 인식되고 있는 거죠.

왜 이렇게 증축이 선호될까요? 간단합니다. 건물의 가치를 올리는 가장 직관적인 방법이 바로 면적을 늘리는 것이기 때문이에요. 부동산 시장에서는 보통 연면적당 단가로 건물의 전체 가격을 평가하고, 임대료 역시 전용면적당 단가로 계산하니까요. 그러다 보니 조금이라도 증축의 여지가 있다면, 대부분 이 옵션을 선택하게 됩니다.

그렇다면 건물 공간을 확장하는 방법에는 어떤 것이 있을까요? 크게 수직 증축과 수평 증축으로 나눌 수 있습니다. 두 방

식 모두 기존 건물의 가치를 높이고 추가 공간을 확보할 수 있다는 장점이 있죠. 하지만 각각의 특성과 장단점이 뚜렷해, 어떤 방식을 선택할지는 건물의 상황과 목표에 따라 신중히 고려해야 합니다.

건물의 높이 올리기

수직 증축은 건물의 높이를 올려 공간을 확장하는 방식입니다. 여러 장점을 가지고 있습니다. 우선, 토지 사용의 효율성을 극대화할 수 있어 제한된 대지에서 추가 공간을 확보하기에 좋습니다. 특히 도심 지역에서 유리한 선택으로, 비싼 토지를 최대한 활용할 수 있습니다. 또한 상층부에 새로운 공간을 만든다는 건 기존에 누리지 못한, 또는 제대로 누리지 못했던 뛰어난 조망권을 확보하는 계기가 될 수 있어요. 그러나 수직 증축에는 몇 가지 단점도 있습니다.

가장 큰 문제는 구조적 보강이 필요하여 비용이 크게 증가할 수 있다는 점입니다. 기존 건물의 기초와 구조물이 추가된 하중을 견딜 수 있도록 보강 작업이 필수적입니다. 건축공사에서 큰 비중을 차지하는 항목 중 하나가 골조라고 한 사실, 잊지 않으셨죠? 그렇기 때문에 **동일한 면적을 확장한다고 가정할 때 수직 증축보다 수평 증축이 더 저렴한 편입니다.** 수직 증축을 하면 기존 구조를 보강하는 작업이 필수로 따르는데, 이 비용이 만만치 않기 때문입니다.

"1개층만 올린다고 하면 구조보강 정도도 줄어들 테니 비용도 덜 들지 않을까요?"라고 질문을 할 수도 있습니다. 그럴 수 있지만 그렇지 않을 수도 있습니다. 수직 증축을 하는 경우 현재 법규에 맞춰 구조를 보강하기 때문이에요. 예컨대 과거와 현재의 가장 큰 차이는 내진 설계입니다. 과거에 우리나라는 지진으로부터 피해를 입을 일이 없다고 여겨 내진 설계의 중요성을 크게 생각하지 않았습니다. 심지어 3층 이하의 건물에는 내진 설계를 하지 않아도 허가를 받을 수 있었습니다. 그러나 이제 바뀌었죠. 2017년 12월부터 2층 이상 또는 연면적이 $200m^2$ 혹은 높이가 13m 이상인 모든 건물로 확대되어 내진 설계 의무화가 적용됩니다. 그렇다면 1개층 수직 증축을 위한 구조보강뿐만 아니라 현행 법규에 맞춰 내진 보강도 해야 합니다. 이러면 공사 기간 기존 거주자들이 상당한 불편을 겪을 수 있어요. 엘리베이터 등 승강기 등의 개선도 함께 이뤄져야 해 공사 기간과 추가 비용이 발생할 수 있습니다.

건물을 옆으로 확장하기

수평 증축은 건물의 옆면으로 공간을 확장하는 방식입니다. 수평 증축의 가장 큰 장점 중 하나는 구조적 부담이 상대적으로 적다는 점입니다. 기존 건물의 기초나 구조물에 미치는 영향이 수직 증축에 비해 작아, 대규모 구조보강 없이도 증축이 가능한 경우가 많습니다. 이는 비용 절감으로 이어질 수 있죠. 또한 수평 증축은 공사 중 기존 거주자의 불편을 최소화할 수 있다는 장점이 있습니다. 대부분의 공사가 건물 외부에서 이루어지기 때문에, 내부 생활에 미치는 영향이 상대적으로 적습니다.

물론 수평 증축에도 몇 가지 단점이 있습니다. 가장 큰 제약은 추가 대지가 필요하다는 점이에요. 더 넓힐 수 있는 여지가 있어야 하는 게 기본 조건인 만큼 도심 지역이나 대지에 제약이 많은 곳에서는 수평 증축이 제한적일 수 있습니다. 이는 건폐율 제한과도 연계됩니다. 많은 지역에서 건폐율 규제가 엄격하여,

수평 증축의 범위가 제한될 수 있습니다. 이는 계획 단계에서부터 세심히 검토해야 할 사항입니다.

증축은 단순히 공간을 늘리는 것이 아닌, 건물과 주변 환경의 가치를 높이는 과정임을 명심해야 합니다. 치밀한 계획과 전문가의 조언을 통해 최적의 증축 방식을 선택하는 것이 중요한 이유입니다.

증축(수직·수평) 리모델링 개념

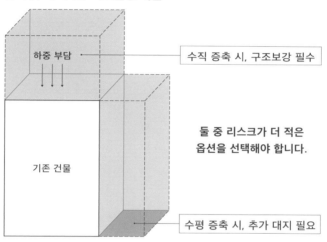

수직 증축 시, 구조보강 필수

하중 부담

둘 중 리스크가 더 적은
옵션을 선택해야 합니다.

기존 건물

수평 증축 시, 추가 대지 필요

수평 증축 실전 사례: 분데스 언주

분데스 언주 프로젝트가 적절한 사례가 되리라 생각합니다. 이 프로젝트의 출발점은 '분데스'라는 독일어로 '연방'을 의미하는 이름에서 알 수 있듯이, 다양한 기업들이 함께 일하며 시너지를 낼 수 있는 사무소 연합을 만들고자 하는 비전에서 시작됐어요. 강남이라는 전략적 위치에서 제로투엔의 사업이 확장됨에 따라 거점이 되기에 충분했죠. 매입 당시 용적률은 넉넉하게 남은 상

Before

After

태였습니다. 건폐율도 말이죠. 그래서 처음에는 수직 증축을 잠시 고민하기도 했습니다만, 일조 사선제한으로 인해 실질적인 사용 면적 증가가 제한적일 것으로 판단하였습니다. 또한 수직 증축 시 필요한 구조보강 작업이 이미 사무실들이 입주해 있는 상태에서 진행되어야 한다는 점도 고려했고요.

이에 대한 대안으로 수평 증축을 택했습니다. 남아 있는 용적률과 건폐율을 활용할 수 있다는 점, 그리고 이 건물의 자랑인 전망을 누릴 수 있는 테라스 공간을 만들 수 있다는 점에 매력을 느꼈습니다. 용적률에 산정되지 않는 법정 최대치 1.5m의 테라스 공간을 만들면 더욱더 매력적인 사무 환경을 조성할 수 있겠다고 판단했거든요. 마침 그 너비만큼 1~2층을 수평으로 확장하는 건 크게 무리가 되지 않았습니다. 게다가 임대료가 비싼 저층부의 면적을 확장하는 것이니까 투자인 셈이었죠.

프로젝트 진행 과정에서는 기존 입주사들과의 원활한 소통이 중요했습니다. 건물 관리팀이 입주사들과 긴밀히 협력하여 공사 일정과 예상되는 불편사항을 사전에 공유하고, 자재 운반이나 공사 방식을 조정하여 입주사들의 불편을 최소화하였습니다. 결과적으로, 분데스 언주 프로젝트는 수평 증축을 통해 공간 효율성을 극대화하고, 입주사 간 소셜 네트워크를 강화하며, 더 나은 업무 환경을 제공하는 데 성공했습니다. 기존 건물의 가치를 높이는 동시에 사용자 경험을 개선하는 수평 증축의 예를 보여줬다고 생각합니다.

분데스 언주

매출을 키우는
설계 디테일

전용면적이 같다는 전제하에 다음 중
임대상품성이 더 나은 안은 무엇일까요?

Vs.

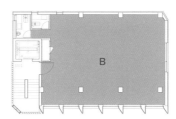

정답은 >

B안이 임대상품성이 더 높을 것입니다.
임차인의 관점에서 볼 때, 전용 공간을 얼마나 다양하고 효율적으로
활용할 수 있는지가 상품성을 결정하는 중요한 요소가 됩니다.
이런 측면에서 직사각형의 반듯한 형태를 가진 공간이 임차인들이
자신의 필요에 맞게 공간을 구성하기 쉽기 때문에 더 인기가 높습니다.
또한, 불필요한 모서리나 굴곡이 없어 실제 사용 가능한 면적이
더 넓게 느껴질 수 있죠.

‘수익을 극대화하는 공간 설계의 기술’은 부동산 자산 개념과 건축설계의 심미성 개념을 관통하는 핵심 주제라고 생각합니다. 효율적인 공간 활용, 다목적 설계, 유연한 레이아웃 등이 임대료 상승, 운영 비용 절감, 입주자 만족도 향상 등의 가치로 옮겨갈 테니까요. 물론 이미 건물이 있으니까, 그것에 잘 맞춰 깔끔하게 하면 된다고 생각하실 수도 있습니다. 하지만 리모델링의 묘미는 여기에서 드러납니다. 구조라는 한계가 이미 주어져 있다고 해도, 전용 공간을 어떻게 기획하느냐, 첫인상을 어떻게 바꾸느냐에 따라 수익률이 달라지죠. 지난 10년간 현장에서 보고 느끼고 체득한 ‘잘 팔리는’ 공간 설계 노하우를 하나씩 짚어보겠습니다.

반듯한 전용 공간

임대 공간에서 전용 공간의 반듯함은 매우 중요합니다. 직관적으로 생각해봐도 그렇습니다. '내 마음대로 레이아웃할 수 있겠구나' 하는 인상을 주기 때문이죠. 실제로도 그렇고요. 그래서 주요 공간은 넓고 반듯하게 설계하고, 화장실 등 부속 시설은 안쪽 작은 공간에 배치하는 것이 효과적입니다. 이렇게 설계된 공간은 임차인들의 요구를 충족시키고, 결과적으로 임대율과 수익성 향상으로 이어집니다.

때로 건물 위층으로 갈수록 지붕 사선 등으로 인해 특정 방향으로 기울어진 공간을 볼 수 있는데 가능한 한 피하는 것이 좋습니다. 임대인의 입장에서 생각해보면 이해가 쉬울 것입니다. 실제로 레이아웃을 자유롭게 구성할 수 있도록 건축물의 구조를 반듯하고 시원시원하게 설계한 경우가 임대계약이 훨씬 잘 이뤄집니다. 일례로, 망원동에 위치한 저희 신축 건물 **부흐발트**는 이 부분을 의식해 아예 기둥 간격을 넓게 잡아 중간에 기둥 없이 반듯한 공간을 만든 경우입니다. 덕분에 최근 상권이 다소 침체된 망원동에서도 임대가 잘 이루어졌습니다. 임차인들은 '보기 힘든, 제약 없이 자유로운 공간'이라는 점을 이 공간을 선택한 이유로 꼽았습니다.

첫인상을 좌우하는 입구

마감재를 선정할 때는 어디에 집중하고 어디에서 절약할지에 대한 전략적 선택이 매우 중요합니다. 제가 가장 강조하는 부분은 항상 입구 쪽입니다. 첫인상은 건물 운영, 고객 유치, 그리고 실제 사용에 있어 결정적인 역할을 합니다. 예를 들어, 원룸 임대

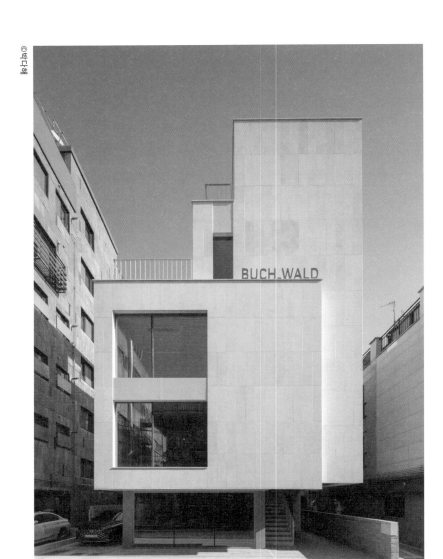

부흐발트

위치: 서울특별시 마포구 망원동 399-7 용도: 제2종 근린생활시설
규모: 지상 4층 대지면적: 203.3m² 건축면적: 121.78m² 연면적: 400.7m²
건폐율: 59.9% 용적률: 197.1% 설계·시공사: 제로투엔건축사사무소종합건설(주)

의 경우 세입자의 첫 방문 때 결정이 이루어지는 경우가 많죠. 이는 임대율뿐만 아니라 향후 매각 가능성에도 큰 영향을 미칩니다.

분데스 언주 사례를 보면, 개선 전 1층은 어둡고 음침한 분위기였어요. 우리는 2개층 높이를 통합하여 보행자의 시선을 위로 끌어올리고, 밝은 테라코타 벽돌 재료를 사용해 거리 전체의 분위기를 밝게 만들었습니다. 지하 주차장을 개선하기 위해서는 비용 효율적인 접근을 택했습니다. 바닥 대신 천장만을 개선했는데, **이는 천장공사가 바닥공사보다 일반적으로 더 경제적이기 때문이에요.** 바닥공사, 특히 타일 교체는 방수층 손상 위험이 있어 추가적인 방수 작업이 필요할 수 있습니다. 이는 골조부터 다시 작업해야 하므로 공정이 복잡해지고 비용이 증가합니다. 반면 천장공사는 철거가 쉽고 추가 공정이 적어 효율적입니다. 또한 사람의 시선이 바닥보다 천장에 더 많이 가는 경향이 있어 개선 효과도 높습니다. 우리는 이러한 점을 고려하여 조명 교체 등을 통해 효과적으로 분위기를 개선했습니다.

이처럼 임대상품성을 염두에 두고 비용 효율성과 시각적 효과를 모두 고려해야 합니다. 입구와 같은 핵심 지점에 집중하고, 다른 부분에서는 비용 대비 효과가 높은 방법을 선택하는 것이 중요합니다.

커 보이는 외관

건물의 첫인상을 결정짓는 것은 바로 그 형태입니다. 저는 기본적으로 건물의 볼륨을 최대한 크게 보이게 하는 접근을 선호합니다. 여기에는 단순히 미적인 이유뿐만 아니라 실용적인 이유도 있어요. 건물주의 입장에서 생각해보면, 주변 건물들 사이에

마일스톤

건축위치: 서울특별시 강남구 논현동 86-15 외 1필지 건축용도: 근린생활시설
건축규모: 지상 6층, 지하 1층 대지면적: 332.40m² 건축면적: 198.92m²
연면적: 1019.46m² 건폐율: 59.84% 용적률: 249.63%
설계·시공사: 제로투엔건축사사무소종합건설(주)

< Before
> After

서 자신의 건물이 돋보이길 원하는 심리가 있습니다. 이는 건물 매매 시 유리하게 작용할 수 있죠. 더불어, 오피스 사용자들도 자신이 사용하는 건물이 주변과 비교해 존재감이 있고 독특한 디자인일 때 더 만족감을 느끼는 경향이 있습니다. 이러한 요소들이 결국 건물의 선호도를 높이고, 나아가 가치 상승으로 이어집니다. 눈에 띄는 형태는 단순한 외관의 문제가 아니라 건물의 경제적 가치와도 직결되는 것이죠. **이를 실현하기 위한 핵심 기법 중 하나가 '가벽'의 활용이에요.** 가벽을 활용하면 실제 면적에 포함되지 않으면서도 건물을 더 크고 웅장하게 보이게 하는 효과가 있습니다.

논현동 86-15 마일스톤 프로젝트에서 우리는 이러한 접근을 적용했습니다. 건축경계선을 따라 별도의 외벽을 만들어 건물의 볼륨감을 극대화했죠. 재료 선택에 있어서는 주변 환경과의 조화를 고려하되, 동네 전체의 분위기를 밝게 만드는 것을 목표로 했습니다. 밝은 테라코타 석재와 벽돌 외장재를 사용하여 마치 신축 건물과 같은 견고하고 현대적인 이미지를 만들어 냈습니다. 또한 좁은 이면도로의 특성을 고려하여 개방성과 프라이버시의 균형을 맞추는 데 주력했어요. 이를 위해 이중 외피 설계를 적용했는데, 이는 주변 건물들과의 조화를 이루면서도 거주자들의 사생활을 보호할 수 있는 효과적인 해결책이 되었습니다.

조화로운 재료 조합

외관 설계에서 볼륨감 극대화와 함께 고려해야 할 것이 바로 적절한 재료 선택입니다. 우리는 다양한 재료를 고급형, 중급형, 보급형의 세 단계로 분류하여 체계적으로 접근합니다.

보급형 재료의 대표적인 예로는 테라코트 도장과 노출콘크리트 보수 도장이 있습니다. 이들은 제곱미터당 약 10만 원으로, 상대적으로 경제적인 선택입니다. 테라코트 도장은 따뜻하고 친근한 느낌을 주는 반면, 노출콘크리트 보수 도장은 더 현대적이고 세련된 이미지를 만들어요. 두 재료 모두 다양한 색상 표현이 가능해 건물의 개성을 살리기에 좋습니다.

중급형 재료로는 주로 벽돌과 석재가 사용됩니다. 이들의 비용은 제곱미터당 10만 원에서 20만 원 사이로, 보급형보다는 높지만 여전히 합리적인 가격대입니다. 벽돌은 전통적이고 견고한 느낌을 주어 안정감 있는 외관을 만들어냅니다. 다만, 벽돌 시공은 인건비 비중이 높아 석재에 비해 공사 기간이 길어질 수 있다는 점을 고려해야 합니다. 석재는 고급스러운 질감으로 건물에 품격을 더해줍니다.

고급형 재료의 대표주자는 커튼월과 금속 패널이에요. 이들은 제곱미터당 20만 원 이상으로 가장 비용이 높은 편이지만, 그만큼 뛰어난 외관 효과를 제공합니다. 커튼월은 시원하고 개방적인 느낌을 주어 건물을 더 크고 고급스럽게 보이게 합니다. 특히 세련된 오피스 건물이나 고급 주거 건물에 자주 사용됩니다. 금속 패널은 세련되고 미래지향적인 이미지를 만들어내어 현대적인 건축물에 잘 어울립니다.

이러한 재료들을 어떻게 활용해야 가장 효과적일까요? 제가 주로 추천드리는 방법은 이들을 적절히 조합하는 것입니다. 예를 들어 건물의 주요 외관에는 중급형이나 고급형 재료를 사용하고, 눈에 덜 띄는 부분에는 보급형 재료를 활용할 수 있습니다. 이렇게 하면 비용 효율성을 유지하면서도 건물의 전체적인 가치와 미적 품질을 높일 수 있어요. 또한 각 재료의 특성을 고려하여 건물의 용도와 주변 환경에 맞게 선택하는 것이 중요합

구분	재료	
고급형	커튼월 	금속
중급형	벽돌 	석재
보급형	테라코트 도장 	노출콘크리트 보수도장

니다. 예를 들어 도심 오피스 건물에는 커튼월을 사용하여 세련되고 전문적인 이미지를 만들 수 있고, 주거 지역의 건물에는 벽돌이나 석재를 사용하여 따뜻하고 안정적인 느낌을 줄 수 있습니다.

실전 사례: 벨루토

리모델링 프로젝트를 시작할 때, 가장 먼저 건축물대장을 통해 활용 가능성을 파악하는 일이 중요합니다. **벨루토** 프로젝트의 경우, 용적률이 법정 200% 중 이미 199%를 사용하고 있어 추가 증축의 여지가 거의 없었어요. 또한 건물이 대지경계선으로부터 최소 0.3m만 떨어져 있어 볼륨감 있는 재료를 사용하는 데 제한이 있었죠.

결국 리모델링의 핵심은 계단실과 화장실같은 코어 부분이었습니다. 우리는 비내력벽을 철거하고 엘리베이터를 신설하기로 했습니다. 엘리베이터 위치 선정에 있어 일반적으로는 기존 화장실 공간을 활용하는 것이 쉽지만, 이 경우 화장실 공간이 협소해지는 문제가 있었어요. 또 다른 과제는 1층 입구에 있는 계단이었습니다. 장애인용 승강기를 설치하기 위해서는 약 1m 정도 단차가 생기는 계단을 제거하는 조치가 필요했죠.

우리는 계단실과 화장실을 재구성하는 데 있어 세 가지 옵션을 검토했습니다. 첫째, 비용을 더 들여 장애인용 승강기를 설치하고 공용 공간을 한쪽으로 몰아 깔끔한 전용 공간 확보. 둘째, 비용을 줄이고 기존 화장실 위치에 엘리베이터를 설치하되 전용 공간 일부를 침범하는 식으로 화장실 이동. 셋째, 장애인용 승강기 설치로 되살린 연면적을 모아 5층의 증축이었습니다. 다행히 이 건물은 구조가 튼튼해 5층의 증축시 추가적인 구조보강이 거의 필요 없었습니다.

결국 건축주와의 협의 끝에 약 1억 원의 추가 비용을 들여 세 번째 옵션을 선택했습니다. 이것이 이 건물의 임대상품성을 높이고 더 지속시키는 데 기여할 것이라는 판단이 있었습니다. 우리는 이러한 구조계획을 확정한 후 디자인 단계로 넘어갔습니다. 코어 재구성으로 증가한 골조공사 비용을 고려해, 외장공사에는 석재 대신 더 경제적인 재료를 사용하기로 했습니다. 다양한 디자인 옵션을 검토한 끝에 스토라이트 계열의 재료를 사용하는 대신 입체감을 살리는 디자인으로 최종 결정했습니다.

이처럼 리모델링 프로젝트는 기존 건물의 제약 조건을 철저히 분석하고, 비용과 효과를 세심하게 조율하는 과정이에요. 구조적 개선, 기능성 향상, 그리고 미적 가치 상승을 균형 있게 고려하여 최적의 해결책을 찾아가는 것이 핵심입니다.

벨루토

위치: 서울특별시 강남구 역삼동 791-3 용도: 근린생활시설 규모: 지하 1층, 지상 5층
대지면적: 184.4m² 건축면적: 91.1m² 연면적: 490.68m² 건폐율: 49.4%
용적률: 199.78% 설계·시공사: 제로투엔건축사사무소종합건설(주)

< Before
> After

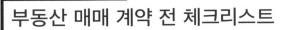

실전 리모델링 2
부동산 매매 계약 전 체크리스트

명도는 가능한 건물인가요? ☐

· 현 임차인과의 협의 사항
· 임대차 계약승계 조건
· 계약해지 조건 및 위약금 규정
· 법적 절차(명도소송) 필요 여부

주택이 있는 건물인가요? ☐

· 주거용 세대 유무 확인 필요
· 주택 포함 시 주택임대차보호법 적용

용도변경은 가능한 조건인가요? ☐

· 현재 건물 용도 확인 필요
· 용도변경 가능성 검토 (예: 주거용→상업용)
· 용도변경 관련 법적 허가 및 조건 확인 필수

멸실(철거)은 해주는 조건인가요?

· 매도인의 건물 철거 의무 여부 확인
· 매수인의 직접 철거 필요성 점검
· 멸실 절차 완료 책임 주체 파악
· 관련 세금 및 비용 고려 필수

거래 조건(계약금·중도금·잔금 조건)을 확인해보세요.

· 계약금 지불 조건 확인
· 중도금 지불 일정 및 금액 파악
· 잔금 지불 조건 검토

완성형 건물 매입 시, 공실 상태와 임대 정보를 확인해보세요.

· 공실 여부 확인
· 현재 임대 중인 공간 파악
· 임대료 정보 수집
· 임차인 세부 정보 확인
· 전체 건물 수익성 평가

03

계약 전,
최선의 협력자를 가려내는
안목

전문가는
설계사에게
'이것'을
묻는다

리모델링에 설계사가 꼭 필요한가요?

정답은 >

리모델링 과정에서 설계사의 역할은 매우 중요합니다.
리모델링은 신축과는 달리 복잡한 과정과
예측하기 어려운 변수들이 많이 존재하기 때문이에요.
이러한 잠재적인 문제들을 미리 파악하고 대비하는 것은
시공 단계가 아닌 설계 단계에서 이루어져야 합니다.
철저한 사전 설계만이 불필요한 비용 낭비를 줄이고
경제성을 높일 수 있으며, 동시에 실제 사용 시 발생할 수 있는
문제들을 최소화할 수 있습니다.

상업시설 리모델링의 성패를 가르는 첫 단계는 바로 설계사와 시공사를 선정하는 일이에요. 짐작건대 리모델링 경험이 쌓일수록 이 사실을 더욱 절실히 깨닫게 되실 겁니다.

업계에서 일하다 보면 "이 회사는 어떤가요?", "저 사람은 괜찮나요?" 하고 조언을 구하는 모습을 자주 목격합니다. 물론 유명하고 뛰어난 디자인 회사들이 우리 주변에 많이 있습니다. 어느 날 가봤던 공간이 너무도 좋아 마음 속에 저장해둔 업체도 저마다 몇 곳 있을 겁니다. 하지만 리모델링 프로젝트를 10여 년간 수십 차례 수행한 저의 경험에서 봤을 때, 상업시설 리모델링에서는 단순히 내 마음에 드는 디자인, 시공 경력만으로는 부족한 부분이 분명 있습니다. 중요한 것은 리모델링의 특수성을 이해하면서도 전문성을 갖춘 업체를 만나는 것입니다.

그런데 대한민국에서 리모델링 경험이 풍부한 설계사를 찾기란 쉽지 않습니다. 왜 그럴까요? 리모델링은 신축과는 다른 복잡한 과정과 예측 불가능한 변수들이 많기 때문입니다. 그래서 설계뿐만 아니라 시공 단계에서 긴밀한 협업과 경험이 중요합니다. 대부분의 설계사가 한두 번의 경험을 해보거나 아예 해보지 않은 이유이지요. 그렇다면 어떻게 적합한 업체를 선정할 수 있을까요? 여기 몇 가지 핵심적인 팁을 드리겠습니다.

리모델링 경험이 있는지 확인하라

조금은 냉정하게 들릴 수 있으나, 업체의 포트폴리오를 검토할 때는 단순히 완성된 공간의 아름다움만을 보면 안 됩니다. 주목해야 할 점은 비슷한 규모의 리모델링 공사 경험 유무입니다. 왜 이것이 중요할까요?

제로투엔은 리모델링의 특수성을 고려하여, 설계팀과 시공팀이 협력하는 TF를 구성해 최적의 솔루션을 도출합니다.

이 책을 관통하며 말하고 있듯 리모델링, 특히 상업 공간의 리모델링은 단순한 인테리어 변경 이상의 복잡한 과정입니다. 기존 건물의 철거부터 시작되는데, 다 부수는 것이 아니라, 건물의 구조적 안정성을 유지하면서 필요한 부분만을 제거해야 합니다. 또한 대부분의 리모델링 프로젝트는 구조보강 작업이 필수적입니다. 오래된 건물의 경우 현재의 건축 기준에 맞추기 위해, 또는 새로운 용도에 맞는 하중을 견디기 위해 구조보강이 필요한 경우가 많습니다. 이는 고도의 기술과 경험을 요구하는 작업입니다. 이러한 이유로, **리모델링은 실제로 신축보다 더 많은 경험치를 필요로 합니다.** 예측 불가능한 상황이 자주 발생하며, 이를 효과적으로 해결할 수 있는 능력이 중요합니다. 특히 리모델링은 행정적 절차가 복잡하므로 경험이 부족한 설계사의 경우, 각종 절차를 사전에 숙지하고 챙기기가 쉽지 않습니다. 이는 프로젝트의 지연으로 이어질 수 있는 리스크죠.

제로투엔은 축적된 노하우를 바탕으로 효율적인 일정 관리와 프로젝트 운영을 핵심 가치로 삼고 있습니다.

지어진 건물의 임대 현황을 확인하라

조금 과장해 이야기하면 리모델링 프로젝트의 성공은 초기 기획 단계에서 결정된다고 말할 수 있습니다. 어떻게 상품성을 높일 것인가, 어떻게 효율적으로 가치를 창출할 것인가 하는 고민이 이 단계에서 이뤄지기 때문이죠. 리모델링 설계란 단순히 건물을 사는 것을 넘어, 그 건물을 통해 어떤 가치를 만들어낼 수 있는지를 고민하는 과정입니다. 리모델링 프로젝트의 성공이 건물의 가치를 극대화하고, 이를 통해 안정적인 수익을 창출하는 데 있음을 설계사도 인식하고 있어야 한다고 강조하는 까닭입니다.

그것을 확인하는 지표가 바로 설계사가 작업한 건물의 임대 현황을 보는 것입니다. 이는 단순히 임대료 수준을 확인하는 것을 넘어 임차인의 구성이라든지, 만일 있을 공실률과 그 원인, 주변 상권과 비교했을 때의 경쟁력 등을 포함합니다. 설계사가 단순히 미적인 측면뿐만 아니라 건물의 실질적인 가치 창출에 얼마나 기여했는지를 판단할 수 있는 것이죠. 더불어 이는 설계사가 시장 트렌드와 임차인의 요구를 얼마나 정확히 파악하고 있는지, 그리고 이를 설계에 반영할 수 있는 능력이 있는지를 보여주는 중요한 지표가 됩니다.

프로젝트 수익률로 대화가 가능한지 확인하라

리모델링 프로젝트에서 가장 중요한 것 중 하나는 바로 예산 관리입니다. 이는 단지 비용을 줄이는 것이 아니라, 주어진 예산 내에서 최대의 가치를 창출하는 것을 의미합니다. 이를 위해서는 설계사와 시공사가 건축주의 재정 상황을 정확히 이해하고,

제로투엔은 시장 트렌드와 임차인의 요구 사이에 교차점을 만들어내며 지속적 논의와
의사결정을 통해 최적의 솔루션을 발전시켜 나갑니다.

이에 맞는 솔루션을 제시할 수 있어야 합니다.

예를 들어, 최근 제가 경험한 사례를 들어보겠습니다. 한 건
축주가 찾아와 하소연을 하더군요. 자신은 가용 예산이 10억
원인데 앞서 찾아간 설계사가 14~15억 원이 드는 설계안을 고
집하고 있다는 겁니다. 더 안타까운 점은 건축주의 예산에 맞추
기 위한 설계 변경을 거부했다는 점입니다. "나의 디자인을 바
꿀 수 없다"라는 설계사의 태도는 프로젝트의 성공을 굉장히
위협하는 요인입니다. 불필요한 구조보강이나 시공비가 과도하
게 드는 설계안을 제안하는 것은 건축주의 이익을 고려하지 않
는 행동입니다.

**리모델링 전문가의 실력은 오히려 '하지 않아도 될 것을 정
확히 파악하는 능력'에서 드러납니다.** 안전과 기능성을 보장하
면서도 경제적으로 최적화된 솔루션을 제시하는 것, 그것이 바
로 리모델링의 핵심 역량이라고 생각하거든요. 리모델링 프로젝

트에서는 대부분 초기 부동산 구매에서 이미 상당한 투자가 이루어진 상태입니다. 따라서 설계사와 시공사는 단순히 디자인이나 구조적 완성도만을 고려하는 것이 아니라, 전체적인 경제성을 고려해야 합니다.

게다가 건축공사에서 2~3개월의 연장 또는 지연은 결국 금융 비용 증가로 이어집니다. 즉 프로젝트의 수익성을 악화시킬 수 있는 요인이죠. 따라서 설계사를 선정할 때는 단순히 디자인 능력만이 아니라, 프로젝트의 경제성을 이해하고 이를 최적화할 수 있는 능력을 갖추고 있는지 반드시 확인해야 합니다.

전문가는
시공사에게
'이것'을
확인한다

여러 업체에서 견적을 받았는데,
어느 회사를 선택해야 할까요?

구분	A사	B사	C사	D사
총 공사비	20억 원	21억 원	22억 원	23억 원
공사 기간	450일	330일	400일	360일

정답은 >

구분	A사	B사	C사	D사
총 공사비	20억 원	21억 원	22억 원	23억 원
공사 기간	450일	330일	400일	360일
실제 비용	21억 1천만 원	21억 원		

오로지 총 공사비가 가장 낮은 업체를 선택하는 것은
현명하지 않을 수 있습니다. 공사비 견적에는
보통 대출에 따른 이자 비용이 포함되어 있지 않기 때문입니다.
업체 선정 시에는 단순히 견적된 공사비뿐만 아니라,
예상 공사 기간과 그에 따른 이자 비용까지 종합적으로
고려하여 비교해야 합니다. 이렇게 해야 장기적으로 가장 경제적인
선택을 할 수 있습니다.

예) 토지가액 60억 원 + 공사비 20억 원 = 총 사업비 80억 원일 경우,
에쿼티 20% + 대출 80%에 대출이자 5% 가정 시,
월 이자비용은 2천 7백만 원 발생 →
공사 기간 4개월이 늘어날 경우 약 1.1억 원 추가 발생

설계사를 선정하면 다음으로 바로 찾아오는 문제가 있죠. 시공사 선정입니다. 물론 주변의 지인이나 설계사의 추천 등을 받을 수 있어 조금 가벼운 마음으로 접근할 수도 있습니다만, 저는 그럴 수 없다고 생각합니다. 설계사 못지않게 프로젝트의 향방을 결정하는 중요한 만남이기 때문입니다.

나의 현장에 꼭 맞는 시공사를 선택하는 일은 공사의 품질을 보장하고, 예산을 효율적으로 관리하며, 프로젝트 일정을 정확히 파악할 수 있게 합니다. 또한 경험 많은 시공사는 예상치 못한 문제들을 효과적으로 해결하고, 공사 중 안전사고 위험을 최소화하며, 관련 법규와 규정을 철저히 준수하죠.

공사 완료 후에도 지속적인 관리와 보수 서비스를 제공할 수 있는 시공사를 선택함으로써, 궁극적으로는 건물의 가치를 극대화하고 장기적인 수익성을 높일 수도 있습니다. 따라서 시공사 선정은 리모델링 사업의 성공을 위한 핵심 요소라고 할 수 있습니다. 이렇게나 중요한 시공사를 선정할 때 어떤 요소들을 확인하면 좋을까요?

지나친 저가 수주의 함정을 피하라

많은 건축주가 시공사를 선정할 때 '가격이 싸면 무조건 좋다'는 생각을 하게 됩니다. 이른바 '영끌'(영혼까지 끌어모은 대출)로 프로젝트를 진행하는 건축주들이 쉽게 빠지는 함정이죠. 하지만 이는 시간이라는 중요한 변수를 간과한 위험한 접근법입니다. 예를 들어 강남 지역을 살펴보겠습니다. 일반적인 대출을 일으켜 진행하는 프로젝트의 경우, 매월 이자 1,500만 원에서 2,000만 원을 부담하게 됩니다. 여기에 공사 기간 대비 임대 수익 손실까지 고려하면, 한 달에 약 3,000만 원의 기회비용이 발생함을 알 수 있습니다. 이러한 맥락에서 볼 때, 단순히 가장 저렴한 시공사를 선택하는 것이 과연 최선의 선택일까요? 이는 숲을 보지 못하고 나무만 보는 근시안적 접근법입니다.

지나치게 저렴한 견적을 제시하는 시공사는 피하는 것이 현명합니다. 프로젝트 완료 후의 모습까지 그림을 그려볼 필요가 있습니다. 어떤 임차인을 유치할 것인지, 예상 임대료는 얼마인지, 그리고 이를 달성하기 위해 어떤 투자가 필요한지를 종합적으로 고려해야 하죠. 현재의 작은 비용 절감이 훗날 월 3,000만 원의 손실로 이어질 수 있음을 명심해야 합니다. 조금 더 멀리 보면 '임대료 조금 내리지 뭐!' 하는 생각으로 저품질의 시공을 덜컥 택했다가 연간 1억 원 이상의 임대료 차이가 발생할 수도 있죠.

해당 시공사의 과거 프로젝트 완수 이력, 민원 처리 능력, 공기 준수 여부 등을 철저히 조사할 필요가 있습니다. 또한, 가능하다면 현장 소장과의 직접 면담도 추천합니다. 현장 소장의 역량이 프로젝트의 성공을 좌우하는 핵심 요소이기 때문입니다.

과도한 선금 요구에 주의하라

일반적인 신축공사에서는 통상적으로 전체 공사비의 10% 정도를 선금으로 요구합니다. 20억 원 규모의 공사라면 초기에 2억 원 정도의 선금 지급이 일반적이에요. 그리고 공사기간이 6개월 정도인 리모델링은 15~20%의 선금을 지급합니다. 그러나 가끔 일부 시공사들이 40% 이상의 과도한 선금을 요구하는 경우가 있습니다. 이는 주의 깊게 살펴봐야 할 신호입니다. 이러한 요구의 배경에는 대부분 이전 프로젝트에서 마이너스 공사(원가 이하 수주)로 인한 재정적 어려움이 있을 수 있습니다. 앞서 말한 '지나친 저가 수주'가 일으킨 연쇄 함정이죠.

리모델링 과정은 숱한 의사결정을 요구합니다. 무엇보다 숲을 바라보고 선택하는 종합적 시각을 핵심 역량이라고 강조하는 이유입니다.

시공 구조를 이해하면 이 문제의 심각성을 더 잘 알 수 있습니다. 시공사는 골조, 기계, 전기, 통신, 소방, 조경, 부대시설, 토목 등 다양한 분야의 협력업체들과 함께 프로젝트를 진행합니다. 만약 시공사가 이들 협력업체에 대한 대금 지급에 어려움을 겪게 되면, 이는 도미노 효과를 일으켜 전체 프로젝트를 위험에 빠뜨릴 수 있습니다.

따라서 시공사가 지나치게 높은 선금을 요구할 때는 해당 회사의 재정 상태와 신뢰성에 대해 의구심을 가져보고, 해당 기업의 이력 조사(과거 프로젝트 수행 실적, 업계 평판 등), 대표이사의 이력 또는 대표 재임 기간 등을 테이블 위에 올려 함께 이야기를 나누는 것을 추천드립니다. 또한, **신뢰할 수 있는 시공사의 경우 최소 6개월에서 1년 이상 근무한 경험 있는 현장 소장들이 프로젝트를 지휘합니다.** 이는 회사의 안정성과 프로젝트 관리 능력을 보여주는 중요한 지표입니다.

제무제표상 이익률을 확인하라

시공사 선정 시 재무제표, 특히 이익률을 주의 깊게 살펴봐야 합니다. 1%대의 낮은 이익률은 시공사가 이윤을 포기하고 생존만을 위해 운영되고 있을 가능성이 높다는 위험 신호입니다. 건전한 시공사의 경우 대체로 5% 이상의 이익률을 유지하며, 이는 안정적인 운영과 품질 높은 서비스 제공을 위한 최소한의 수준입니다. 특히 민간 공사만을 수행하는 소규모 시공사 중 1% 이하의 이익률을 보이는 경우가 많은데, 이는 재정적 불안정성을 나타내며 안정적 수행 능력에 의문을 제기할 수 있는 수치입니다. 낮은 이익률은 공사 품질 저하, 공기 지연, 하도급 업체와의 문제 등 다양한 리스크로 이어질 수 있으므로, 시공사 선정 시 이를 반드시 확인해야 합니다.

계약 이행 절차에 따른 단계별 안전장치를 만들자

계약이행 보증보험증권, 선급금이행 보증보험증권, 하자이행 보증보험증권 등은 건축주의 이익을 보호하는 필수적인 단계입니다. 그러나 일부 시공사가 이러한 보증보험 가입을 거부하는 경우가 있습니다. 그럴 때는 '왜 그럴까?'를 생각해봐야 합니다. 시공사가 보증보험 가입을 거부하는 이유를 면밀히 검토하고, 그 이유의 합리성을 판단해야 하죠.

실제 사례를 가까이에서 보면 하자이행 보증보험증권의 중요성이 더욱 크게 느껴집니다. 준공 후 하자를 수정하고자 시공사에 연락을 취했는데 닿지 않는다며 찾아온 한 건축주가 있었습니다. 결국 저의 안내대로 건축주는 하자보수 비용을 먼저 자신이 지불한 뒤 법적 절차를 거쳐 시공사에 청구하고 보험금을 수령할 수 있었습니다. 즉 이러한 건축주의 안전장치를 마련하지 않으려는 시공사는 신뢰성에 의문을 제기할 수밖에 없으며, 건축주는 이를 시공사 선정 과정에서 중요한 판단 기준으로 삼아야 합니다.

4D적 사고 능력을 발휘하자

마지막으로 덧붙이면 저는 현장을 볼 때 4D적 사고 능력을 갖춰야 한다고 말합니다. 많은 이들이 건축 프로젝트를 3D, 즉 공간적 차원에서만 바라보지만, 진정한 의미에서 성공적 완공을 위해서는 시간과 계절이라는 요소를 입혀 공간을 4D로 접근해야 한다고 말하죠. 이는 공간을 다양한 계절, 기후 조건, 사용자 경험 측면에서 상상하고 예측하는 능력을 의미합니다. 예를 들어, 우기나 폭우 시 발생할 수 있는 문제를 미리 예측하여 오버플로 설치나 추가 배수시설을 고려하는 것과 같은 접근이죠. 4D적 사고 습관은 현장을 위한 더 실용적이고 실무적인 설계, 시공 결정을 돕는다고 할 수 있습니다.

저는 신뢰할 만한 시공사는 이러한 4D적 사고를 통해 프로젝트의 장기적 성공과 사용자 만족도를 높일 수 있는 능력을 갖추고 있다고 봅니다. 이는 단순히 도면을 실현하는 것을 넘어선 포괄적이고 선견지명 있는 접근 방식을 의미합니다.

잔금 전에 확인해야 할 골든 룰

잔금 일정이 왜 중요한가요?

정답은 >

잔금 일정은 대출을 받는 경우 특히 중요합니다.
잔금 지급일을 기준으로 이자가 발생하기 때문입니다.
따라서 잔금 지급 전에 가능한 모든 업무를 미리 처리해놓으면,
불필요한 이자 비용을 줄이고 전체 프로젝트 일정을 효율적으로
관리할 수 있어요.

시쳇말로 "리모델링은 구조가 절반, 철거가 절반"이라는 말이
있습니다. 그만큼 건물의 현황이 사업의 향방을 좌지우지한다고
할 수 있습니다. 이에 부동산 매매 시 몇 가지 사항을 선제적으
로 체크한다면 잠재적 문제를 미리 파악하고 대비하는 키를 얻
을 수 있습니다. 하나씩 소개해드릴게요.

경계측량과 현황측량

경계측량은 내 땅이 어디까지인지 파악할 때 하는 측량이고, 현
황측량은 경계측량으로 확정된 대지 위에 건축물이 어떻게 들
어 섰는지 확인하는 측량을 말합니다. 즉 사업의 첫 단계라 할
수 있죠. 정확한 설계와 시공, 그리고 시공 시 발생할 수 있는 잠

재적 문제를 예방하는 데 중요한 정보를 담고 있어요. 그만큼 착수도 빨라야 한다고 봅니다. 이 작업은 전문 구조사들이 수행합니다. 비용은 부지의 크기에 따라 다르지만, 일반적으로 100평 정방형 대지라고 가정했을 때 60만~70만 원 정도로 예상할 수 있습니다. 물론 규모에 따라 300만~600만 원까지 다양한 범위가 있지만, 평균적으로는 300만 원 전후라고 보면 됩니다. 현황 측량의 경우, 보통 100만~150만 원 정도의 비용이 소요됩니다. 저는 이 비용만큼은 프로젝트의 필수적인 초기 투자로 간주해야 한다고 보는 편입니다.

석면 조사

2012년 석면안전관리법이 시행되면서 석면조사 대상 건축물의 소유자는 조사 대상에 해당하는 날부터 "1년 이내에 석면조사기관으로 하여금 석면조사를 하도록 한 후 그 결과를 기록·보존하여야 한다."는 법규가 생겼습니다. 석면은 건물로부터 멀리 있지 않기 때문입니다. 단열재, 보온재, 분무재, 내화피복재, 개

석면 제거 모습

스킷, 패킹재, 실링재 등에 존재하지요. 간과하기 쉽지만 매우 중요한 절차 중 하나로 석면조사를 말씀드리는 이유입니다.

철거 허가 신청 전, 가능하다면 잔금 지급 전에 석면조사를 하면 좋습니다. 단순한 절차상의 문제가 아니라 작업자와 주변 환경의 안전을 위한 필수적인 조치이기도 하니까요. 우리는 이러한 상황에서는 매도자에게 다음과 같이 설득합니다. "석면이 발견되었는데 이는 잘 아시다시피 심각한 발암 물질로, 안전을 위해 반드시 사전 제거가 필요합니다. 이 절차를 잔금 지급 전 선행하는 데 협조를 해주십시오." 사전 석면조사는 프로젝트의 안전성을 높이고, 잠재적인 법적 문제를 예방하는 데 큰 도움이 됩니다.

구조안전진단

신사동 리모델링 현장에서 겪은 사례를 들어보겠습니다. 외부 계단 영역이었습니다. 멋있게 캔틸레버 형식의 계단을 구현하려고 했습니다. 벽면에 앵커를 체결하여 계단판을 마치 공중에 떠 있는 듯한 효과를 주도록 디자인했습니다. 그런데 실제 시공하려고 보니 예상치 못한 문제가 생긴 겁니다. 기존 벽체의 구조적 강도가 설계에서 요구하는 수준에 미치지 못했던 것입니다. 그러자 디자인을 구현하기가 사실상 불가능해졌습니다. 결국 절충안을 마련해야 했습니다. 하단부는 안전을 위해 일반적인 평계단 형식으로 변경하고, 상단부에서만 원래 계획했던 캔틸레버 디자인을 유지하기로 결정했죠.

또 다른 사례를 살펴보겠습니다. 한 현장에서 바닥 마감 비용을 절감하기 위해 표면의 시멘트 층만 제거하고 새로운 마감을 적용하려 했습니다. 그러나 역시나 예상치 못한 문제가 드러났어요. 기존 바닥 구조를 들여다보니, 골조 위에 여러 층의 마감

건물 매입 전 구조안전진단은 잠재적 위험과 숨겨진 비용을 사전에 파악하여 투자의 안전성과 수익성을 확보하는 필수 과정입니다.

재가 중첩되어 있었어요. 과거에 바닥 보수 작업을 할 때마다 기존 마감 위에 새로운 층을 덧대는 방식으로 처리했기 때문입니다. 이러한 현황에서는 표면 층만 제거하고 새 마감재를 시공할 경우, 마감재의 안정성이 보장되지 않습니다. 들뜨게 되어 있죠.

　　결과적으로, 안정적인 마감을 위해서는 모든 중첩된 층을 완전히 제거해야 했습니다. 이는 초기 계획에 없던 추가 작업으로, 철거 비용과 시간이 이중으로 소요되는 결과를 낳았지요. 이 두 사례는 리모델링 과정에서 초기 설계와 실제 현장 상황 사이의 괴리가 얼마나 클 수 있는지, 그리고 이에 대한 유연한 대응의 중요성을 잘 보여줍니다.

일대의 현황 확인

리모델링 현장의 안전과 효율성을 위해서는 건물뿐만 아니라 주변 환경도 주의 깊게 살펴봐야 합니다. 예컨대 전기 설비, 즉 골목의 전봇대도 확인해보세요. 저는 관심 있는 건물을 볼 때 세 줄 다발로 묶인 전깃줄이 바로 앞에 지나가는지 확인해보라고 조언합니다. 이는 시스템 비계 설치와 밀접한 관련이 있어요. 공사를 위해서는 '쌍줄비계'라 불리는 두 줄 구조의 시스템 비계를 사용하는데, 금속 재질의 비계가 전기를 유도할 수 있기 때문에 노란색 방호관 설치가 필수적이기 때문이죠. 방호관 설치는 시공사가 공사 시작 전 한국전력공사에 신청하며, 비용 (200~400만 원)은 통상적으로 건축주가 부담합니다. 공사 완

서초3동 사거리 폭 40m 도로변에 위치한 웨이브1585 전경

료 후 방호관 회수 시 보증금을 환급받을 수 있습니다. 그러나 이로 인해 비계 높이 제한과 추가 작업이 발생할 수 있어 시간과 비용이 증가하는 요인이 됩니다.

앞서 언급한 사례에 더해, **서초동 1585-7 웨이브1585 프로젝트**를 수행하며 겪은 일화도 이해에 도움이 될 것 같습니다. 이 사업 역시 현황 파악의 중요성을 알려준 사례입니다. 서초3동 사거리에 면한 이곳은 대로변에 위치해 접근성이 좋아 보였습니다. 그런데 말이죠. 실제로는 해당 필지로 접근할 수 있는 도로가 없는 상태였습니다. 난감했습니다. 공사할 때 콘크리트를 타설하거나 재료를 옮겨야 하므로 작업 차량이 필지로 접근해야 하지 않습니까. 그런데 이 건물은 사거리 모퉁이에 있다 보니까 단순히 잠깐 임시 주정차를 하겠다는 해결책으로는 문제가 해소되지 않았어요.

이 상태를 파악하고 우리가 처음 한 생각이 공사 차량의 동선을 위해 도로 접근로를 재빨리 확보해야겠다는 것이었습니다. 어느 쪽 도로의 사용을 허가받을지, 언제 허가를 신청해야 할지를 프로젝트 초기에 기획한 겁니다. 다행스럽게도 계획한 대로 진입도로를 신설하는 허가까지 받아 영구적으로 도로점용허가를 득할 수 있었습니다.

이렇듯 리모델링 프로젝트는 저마다의 사정으로 복잡다단합니다. 신축과 달리 기존 구조물을 보존해야 하는 리모델링이기에 이처럼 추가적인 '미션'들이 많아요. 따라서 가능한 한 관련 요소들을 사전에 파악하고 계획에 반영하는 것이 중요합니다. 앞서 설명한 네 가지 요소, 즉 경계측량과 현황측량, 석면조사, 구조안전진단, 일대의 현황 확인 등은 부동산 투자나 리모델링을 고려하는 모든 이들이 반드시 숙지하고 실행해야 할 '골든룰'이라고 할 수 있습니다.

Before

웨이브1585

위치: 서울특별시 서초구 서초동 1585-7　용도: 제3종 일반주거지역, 도시지역
규모: 지상 5층　대지면적: 247m²　건축면적: 132.44m²　연면적: 492.44m²
건폐율: 49.98%　용적률: 199.37%　설계·시공사: 제로투엔건축사사무소종합건설(주)

수상 ◀ 2024 한국리모델링건축대전

After

늘 그랬듯
시간이 돈이다

대규모 공사에서 하루 이틀 일정을 당긴다고
실제로 예산을 줄일 수 있나요?

정답은 >

Answer

네, 실제로 큰 차이가 날 수 있어요.
특히 각종 신고와 허가 업무에서 타이밍은 매우 중요합니다.
하루만 늦게 접수해도 결과를 받는 데 한 달이 더 걸릴 수 있어요.
그래서 초기 기획 단계부터 이러한 행정 절차를 꼼꼼히 챙기는 것이
중요합니다. 시간은 곧 비용이므로, 효율적인 일정 관리를 통해
상당한 예산 절감 효과를 볼 수 있습니다.

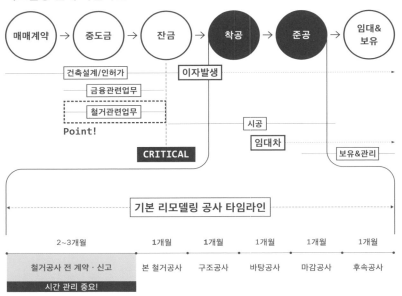

리모델링 전체 타임라인

간단 마감 · 비내력 벽체일 경우 → 신고 건으로 진행
구조부 변경 · 내력벽일 경우   → 심의 필요

리모델링 초반에 시간과 비용에 영향을 미치는 부분인 철거의 심의, 신고의 방식입니다. 신축의 경우 잔금 지불 직후 바로 철거를 시작하고 곧바로 신축 작업에 들어갈 수 있어 비교적 단순한 프로세스입니다만, 리모델링에서는 철거 단계가 특히 중요하고 신중하게 다뤄집니다. 기존 건물의 상태를 정확히 파악하고, 구조보강 등 필요한 구조적 변경을 계획하는 것이 이 단계에서 이루어지기 때문이에요. 내력벽과 코어 등의 주요 구조부를 보강하거나 철거해야 한다면 심의를 받아야 하며 간단한 마감이나 일부 비내력 벽체일 경우는 신고건으로 적용됩니다. 결론적으로 철거를 제외하고 전체 공사일정은 신축이 훨씬 더 오래 걸리는 걸로 알 수 있습니다. 뒤에서는 철거에서 시간을 줄일 수 있는 부분에 관해 더 알아보겠습니다.

철거 계약 후 철거신고를 하고 신고 완료까지 대략 3주가 걸립니다. 비계나 가림막과 같은 가시설물 설치에 대략 1주일, 안전점검에 2주가 걸립니다. 안전점검 후 보완 완료를 받고 착공접수를 한 뒤 착공허가까지 약 2주 정도 걸립니다. 보통 한 번정도는 보완이 있다고 생각하면 됩니다. 이렇게 행정에 6~7주 정도 소요되고 비로소 본 철거를 진행하게 됩니다.

이에 더해 심의 기준으로 프로세스는 더 복잡하고 오래 걸립니다. 심의 기준을 보자면, 철거계약 후 심의도서 작성까지 5주 정도 소요됩니다. 자치구마다 다르지만, 한 달에 1회 개최를 하기 때문에 시간을 잘 맞춰야 합니다. 타이밍을 잘못 맞추면 한달이 그냥 날아갈 수 있습니다. 심의위원회가 개최되고, 보완이 결정되면 보완 후 허가신청을 하게 됩니다. 그 이후에 해체 감리자를 선정하게 되고, 안전팀 검토 후 허가 완료를 얻게 됩니다. 이후 착공허가까지 4주 소요 후 본 철거에 들어가게 됩니다. 전체적으로 행정에 12~14주가 걸려요. 신고 기준에 비해 2배 정도 소요됨을 알 수 있습니다. 이러한 복잡성으로 인해, 리모델링 프로젝트에서는 단계별로 세심한 시간 관리와 예산 계획이 필수적입니다.

시간 관리 노하우

시간 관리의 핵심은 철거공사 이전의 준비 단계를 효율적으로 관리하는 것입니다. 이 과정은 예상보다 어렵고 시간이 많이 소요될 수 있지만, 적절한 전략을 통해 상당한 시간을 절약할 수 있습니다.

먼저, 부동산 매매계약 체결과 동시에 철거 업체와의 계약을 진행하는 일이 중요합니다. 대부분의 리모델링 프로젝트는 해체 심의를 거쳐야 하며, 이 과정에는 여러 전문가들의 협력이 필요합니다. 구조기술사가 주도하는 심의도서 작성은 약 2~3주

해체공사 프로세스

심의 기준 철거 프로세스

철거계약	심의도서 작성	
	5주	

신고 기준 철거 프로세스

총 6~8주 소요

철거계약	철거신고	신고완료	가시설물설치	안전점검
	3주		3주	

172

가 소요되며, 이 과정에서 철거 방법과 구조보강 계획 등이 상세히 논의됩니다. 심의 신청 후 결과 발표까지는 약 1주일이 걸리며, 이후 보완 작업과 해체 허가 신청, 해체 감리 지정 등의 절차가 이어집니다. 구청의 안전팀 검토를 거쳐 철거허가를 받은 후에야 철거용 가시설 설치가 가능하며, 최종적으로 구청 안전점검을 통과해야 철거 착공허가가 나옵니다.

이러한 전체 과정이 대략 한 달 정도 걸리는 겁니다. 따라서 효율적인 시간 관리를 위해서는 예상하는 철거공사 한 달 전부터 철거 업체를 비롯해 해체 심의 관련 업체와의 협의를 시작해야 합니다. 또한 이 모든 과정의 기반이 되는 철거 도면도 그 기간에 준비해야 하죠.

여기서 핵심 전략은 매도자의 협력을 끌어내는 것입니다. 이상적으로는 매도자를 설득하여 잔금 지급 이전에 필요한 준비 작업들을 진행하는 것입니다. **그리고 철거허가 완료 시점에 잔**

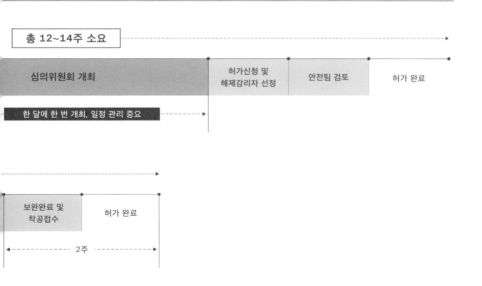

금을 지급하여 매수자가 즉시 철거 작업을 시작하도록 하는 것이 베스트이죠. 물론 많은 매도자가 잔금 지급 전 건물 변경을 허락하지 않는 경향이 있지만, 사전 준비 작업의 중요성과 이점을 명확하고도 충분하게 설명해 설득하면 협조를 얻을 가능성을 높일 수 있지 않을까요. 많게는 프로젝트 기간을 1~2개월 단축시킬 수 있는 작업이니 꼭 시도해보셨으면 좋겠습니다.

예산 관리 노하우

리모델링 프로젝트에서 숲을 봐야 한다고 여러 번 강조했는데요. 사업 수지 시뮬레이션이 그 숲의 대표적 예라고 생각합니다. 성공적인 예산 관리는 전체 사업에 대한 포괄적인 시각을 만들어주기도 하죠. 예컨대 은행에서는 이자 대비 월세 수익(RTI)을 1.5로 보고 있습니다. 이자가 1천만 원일 때 월세가 1천 5백만 원이라는 뜻이에요. 이는 사업성을 셈할 때 유용한 참조점이 될 수 있습니다.

예로, 2종 일반주거지역의 100평 대지에 250평 규모의 건물을 리모델링하는 프로젝트를 가정해볼까요. 토지 가격 100억 원 중 자기자본 35억 원(약 30%)이라 생각해봤습니다. 설계 기간은 3~5개월, 시공 기간은 5~6개월로 예상할 수 있습니다. 그렇다면 총사업비는 얼마일까요?

토지비, 취득세, 중개수수료, 건축비, 원시 취득세, 예비비(인입비, 해체감리비용 등), 대출이자 등을 모두 고려해야 하며, 이 예시에서는 약 123억 원으로 추정됩니다. 그리고 비교해보는 거예요. 보유 기간을 특정하고 월 임대료 수익이 얼마인지, 대출을 일으켰을 때 이자는 얼마인지를요. 딱 5분만 빈 칸을 채우는 시간을 가지면 사업의 득과 실을 한눈에 파악할 수 있을 거예요.

   물론 각 부지의 고유한 특성을 고려한 정확한 비용과 기간 산출을 위해서는 전문적인 검토가 필요합니다. 이 과정이 까다롭기 때문에 리모델링의 경우 설계와 시공을 통합적으로 수행하는 턴키 방식의 협업이 효과적일 수 있습니다. 착공까지의 기간을 단축시키고, 설계사와 시공사 간의 긴밀한 커뮤니케이션을 통해 전체 프로젝트의 효율성을 높일 수 있으니까요.

리모델링에서 턴키 방식은 일관된 비전하에 설계와 시공의 유기적 연계를 가능케 하여 시간과 비용을 절감하고, 책임 소재를 명확히 함으로써 프로젝트의 효율성과 안정성을 극대화합니다.

리모델링 인허가 핵심 체크리스트

경계측량(대지경계선 측량) ☐

- 등기부등본, 건축물대장으로 법적 경계 확인
- 전문 측량기사 고용 필요
- GPS, 레이저 장비로 현장 측량 실시
- 실제 대지경계선 명확히 파악

현황측량(건물 위치 측량) ☐

- 대지 실제 상태와 경계 일치 여부 확인
- 주변 건물, 대지와의 경계 정확성 검증
- 설계 및 시공 과정 문제 예방 목적
- 측량 결과로 실제 현황 파악

구조안전진단(건물의 구조 확인)

· 건물 안전성 평가 과정
· 주요 구조부재 설계 안전성 확인
· 노후화 여부 점검
· 전문 구조 엔지니어의 조사 필요
· 균열, 침하, 변형 등 위험 요소 점검
· 리모델링 및 추가 공사 가능성 판단

석면 조사(자재 중 석면 유무 확인)

· 벽, 천장, 바닥재 등 건축자재 내 석면 포함 여부 확인
· 석면 전문가가 샘플 채취 및 검사
· 석면 발견 시 적법 절차로 제거 필요

04

착수 전,

기초는 자금 흐름 설계

최환서

수익률은
사실 많은 것을
말하고 있다

공사비 상승과 금리 인상 상황에서
사람들은 신축과 리모델링 중 어느 쪽을 더 선호하고 있나요?

정답은 >

현재 상황에서는 리모델링을 선호하는 추세입니다.
건축주들은 비용과 시간을 최소화하면서도 신축에 버금가는
임대 수익을 올릴 수 있는 리모델링에 주목하고 있습니다.
2023년 강남구청의 건축인허가(근생) 건수를 보면,
무려 60%가 리모델링(대수선) 허가였다고 하지요.
이는 리모델링이 이미 대세로 자리 잡았음을 보여주는 지표입니다.
전문가들은 이러한 리모델링 선호 현상이 일시적이 아니라
앞으로도 계속될 것으로 예측하고 있습니다.

공사비 상승의 배경

최근 2~3년간 공사비가 최소 30% 이상 상승했다는 뉴스 기사를 수도 없이 보셨을 겁니다. 현장에 있으니 우리는 더 가깝게 이 흐름을 느끼고 있어요. 특히 규모가 작은 꼬마빌딩의 경우에는 상승률이 더욱 가파릅니다. 5년 전에는 평당 500만 원이면 공사할 수 있었던 도면을 지금 기준으로 산출해보면 평당 1,000만 원에 육박합니다. 유명 건축가가 디자인했거나, 시공상 독특한 시도를 했거나, 값비싼 자재를 사용한 경우에는 이보다 50~60% 이상 상승하는 경우도 허다합니다. 근로자의 일시적인 파업이나 건설자재 수급 어려움처럼 일시적인 현상에 따른 결과도 아니라서 상승한 공사비가 다시 낮아지기란 쉽지 않은

일입니다. 그렇다면 실제 공사비가 얼마나 오른 것일까요?

　　2024년 1월 1일 한국건설기술연구원이 발표한 '2023년 11월 건설공사비지수 동향'을 보면 2023년 11월 건설공사비지수는 153.37로 3년 전인 2020년 11월과 비교해 27.57% 정도 올랐습니다. 건설공사비지수는 재료비, 노무비, 장비비 등 건설공사에 투입되는 공사비 변동을 보여주는 일종의 '지표'인데요, 전문가들은 이렇게 공사비가 오른 이유로 원자재 가격 상승과 임금 상승 영향이 크다고 분석했습니다. 시멘트(2.57%), 중유(2.24%), 전선·케이블(1.31%), 밸브(0.42%), 나사·철선(0.12%) 등 주요 자재들의 가격도 올랐을 뿐 아니라 노무비가 지속적으로 상승하고 있습니다. 2023년 하반기 건설업 임금은 26만 5,516원을 기록했는데 이는 상반기보다 3.95% 오른 수치입니다.

　　이렇게 공사비가 상승하는 이유는 몇 가지로 요약해볼 수 있습니다. 우선 신축과 리모델링을 구분 지어 단가 변동이 있다기보다 시기별 건설공사비지수의 변동이 신축, 리모델링 비용에 영향을 미친다고 생각하면 됩니다. 건축비 상승 요인은 정부 차원에서 안전과 품질의 법적 요구 성능이 올라가는 사항(단열성

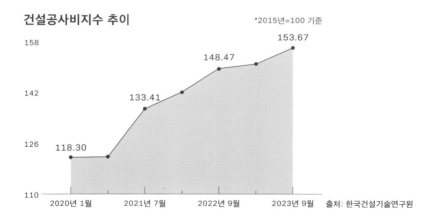

건설공사비지수 추이　　　　　　　*2015년=100 기준

능 및 안전관리 등에 대한 요구)과 러시아와 우크라이나, 이스라엘과 하마스 전쟁으로 인한 유가 상승으로 철근 및 시멘트 가격 폭등 그리고 인건비의 상승 등 다양하고 복합적으로 생각해볼 수 있습니다. 전쟁, 파업, 유가 상승은 시기적 이슈나 일시적 요인으로 볼 수 있습니다. 인건비 상승, 안전과 품질의 법적 요구 성능이 올라가는 이유는 지속적 요인이라 할 수 있습니다. 다행히도 이를 구체적으로 볼 수 있는 차트가 있습니다. 통계청에서 운영하는 KOSIS(Korean Statistical Information Service), 즉 국가통계포털에서 말이죠. 이 웹사이트는 연도와 월에 따른

10년간 건설공사비지수

출처: KOSIS

건설공사비지수 (2015년=100)	2015년 3월	2019년 3월	2024년 3월
건설	100.07	116.05	154.85
건물건설 및 건축보수	100.07	115.80	153.55
주거용건물	100.09	116.05	154.09
주거용건물	100.09	116.05	154.09
비주거용건물	100.13	115.65	153.21
비주거용건물	100.13	115.65	153.21
건축보수	99.66	115.39	152.62
건축보수	99.66	115.39	152.62
토목건설	100.06	116.52	157.39
교통시설건설	100.19	115.53	156.51
도로시설	100.12	114.92	157.42
철도시설	100.39	116.78	154.76
항만시설	99.94	116.04	154.96
일반토목시설건설	99.98	115.91	155.26
하천사방	99.82	115.68	151.75
상하수도시설	100.07	116.27	153.72
농림수산토목	99.82	117.16	160.69
도시토목	100.00	115.57	155.74
산업시설건설	100.00	117.47	159.13
환경정화시설	100.02	117.48	158.35
통신시설	99.87	117.01	160.35
전력시설	99.98	117.42	161.10
산업플랜트	100.04	117.61	156.71
기타건설	100.20	118.68	159.14
기타건설	100.20	118.68	159.14

값을 볼 수 있도록 잘 정리되어 있습니다.

숫자가 많아서 헷갈릴 수 있지만 몇 가지 지수만 살펴보면 이해하기 쉽습니다. 표에 따르면 2015년도 물가를 100으로 산정하고 있습니다. 지난 10년간의 지표로 보았을 때 2015년 3월은 100.07%에서 2024년 3월은 154.85%로 집계되어 50% 가량 상승한 것을 볼 수 있습니다. 지난 5년간을 본다면 2019년 3월 116.05%에서 2024년 3월이 154.85%로 공사비지수의 차이는 38.8%입니다. 이 사항을 금액으로 환산하면 2019년에는 평당 공사비 700만 원이던 현장이 현재 934만 원 정도란 뜻입니다. 최저 시급의 지속적인 상승과 코로나19 대유행 때 건설경기가 좋아 일시적으로 많아진 현장에 따른 자재 수급 부족과 노무자의 노령화로 숙련된 전문가의 부족 현상 등이 그 요인으로 눈에 띕니다.

위 KOSIS 자료가 말하듯 10년간 노임의 상승률이 90~100% 정도입니다. 이는 건설공사지수 50% 상승률에 비해 2배 정도 상승된 값이며, 공사비 상승의 주 요소임을 드러냅니다. 즉 전체적인 공사비 상승의 요인은 원자재 상승보다 인건비 상승이 주된 원인임을 수치로 확인할 수 있습니다.

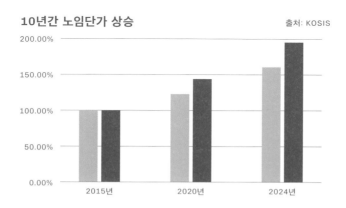

10년간 노임단가 상승　　　　출처: KOSIS

문제는 오른 게 공사비뿐만이 아니라는 겁니다. 엎친 데 덮친 격으로 은행 금리가 상승하면서 이자비용도 2배가 되었습니다. 최근 코로나19 대유행 이후 재정 확대와 국제 전쟁 발발에 따라 원자재 값이 급상승했지 않았습니까. 인플레이션이 가속화되자 미국 연방준비은행의 지속적인 금리 상승에 따라 글로벌 금리가 동반 상승세로 전환된 가운데 한국은행도 기준금리를 가파르게 올렸습니다.

2021년까지만 해도 한국은행의 기준금리가 0.5%고 일반 시중은행의 대출금리는 2~3% 내외였습니다. 2024년 현재 한국은행의 기준금리가 3.5%인 지금, 시중은행의 대출금리는 6% 내외가 됩니다. 이렇게 2~3배가 된 이자비용은 공사 기간에 대한 압박으로 작용하고, 준공 후 담보대출 시의 RTI의 기준을 크게 높여 버립니다. RTI란 Rent to Interest의 약자로, 연간 이자비용 대비 연간 임대소득 비율을 뜻합니다. 부동산임대업 여신심사 시 임대업자들의 대출 적정성 여부를 판단하는 자

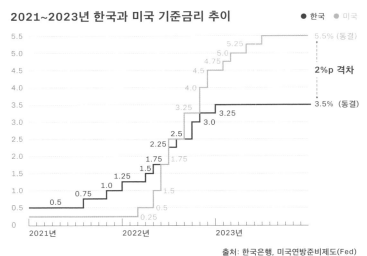

출처: 한국은행, 미국연방준비제도(Fed)

료로 쓰입니다. RTI는 원칙적으로 임대사업 대상인 개별 임대 물건 기준으로 산정합니다.

공사비 상승과 금리 인상이라는 양대 악재는 신축시장에 리모델링이라는 큰 변화의 바람을 몰고 왔습니다. 건축주 입장에서는 공사비와 공사 기간을 최소화하면서도 신축급의 월세 효과를 누릴 수 있는 리모델링에 주목하게 되었습니다. 실제로 2023년도 강남구청의 건축인허가(근생) 건수 중 무려 60%가 리모델링(대수선) 허가였다고 합니다. 이처럼 리모델링은 대세로 자리 잡았고, 이러한 추세는 일시적 현상이 아니라 당분간 계속될 것으로 보입니다.

그렇다면 왜 많은 건축주들이 지금과 같은 부동산 경기 상황에서 리모델링을 대안으로 모색하고 있는지 다음 사례를 통해 숫자로 확인해봅시다.

상업용 건물(근생 아니고) 인허가 건수 중 리모델링(대수선) 비율

구분	2021년	2022년	2023년
강남구	31.5%	34.5%	52.3%
송파구	33.1%	34.4%	51.6%
서초구	7.7%	15.3%	31.1%
동작구	3.3%	2.4%	39.1%
영등포구	22.5%	27.1%	61.8%
강서구	6.0%	19.0%	28.9%
노원구	4.1%	2.8%	43.0%
동대문구	15.3%	3.9%	47.3%

출처: 서울특별시기본통계

리모델링과 신축 공사비

지금 소개하는 사례는 성동구 제2종일반주거지역 내 100평 (330.58m²) 면적의 건물 소유주의 실제 상담 내용입니다. 우리는 그와 함께 리모델링과 신축을 비교 검토했습니다. 건축주가 매입한 토지에는 17억 원의 기존 대출이 있었고, 1금융권에서의 공사비 대출을 전제로 검토했습니다. 검토 시기는 2024년 5월입니다.

공사비를 비교해보면 리모델링 시 예상 공사비는 평당

건축 개발 전략 - 신축 Vs. 리모델링

구분		리모델링 (*용적률 최대 확보 가정)	신축	비고
프로젝트 기간		설계 4~5개월+ 시공 5~6개월	설계 4~5개월+ 시공 10~11개월	
완료 후 연면적		248.9평	262.3평	리모델링: 지상층 최대 증축, 엘리베이터 설치
평당 공사비		600~700만 원	1,000~1,100만 원	건축공사 기준
비용 요약	공사비용	17억 원	32억 원	건축공사+철거공사+ 기타(예비비 등) 포함
	대출금	34억 원	49억 원	기존 토지대출금 17억 +공사비 100% 가정
월세 예상	지상층 평당월세	9만 원 / 전용 183평	11만 원 / 전용 185평	
	지하층 평당월세	8만 원 / 전용 42평	8만 원 / 전용 56평	
	총 월세	월 1,983만 원 / 연 23,796만 원	월 2,296만 원 / 연 27,552만 원	
대출 이자 3.5%	연이자	11,900만 원	17,150만 원	
	현금 흐름	11,896만 원	10,402만 원	(연 월세소득 - 연 이자)
대출 이자 5.0%	연이자	17,000만 원	24,500만 원	
	현금 흐름	6,796만 원	3,052만 원	(연 월세소득 - 연 이자)

600~700만 원으로 총액 17억 원, 신축 시 예상 공사비는 평당 1,000~1,100만 원으로 총액 32억 원이었습니다. 리모델링 공사비가 신축 공사비의 절반 수준에 해당하지요. 17억 원의 기존 대출이 있는 건축주에겐 리모델링 공사가 대출 부담이 더 적을 수밖에 없습니다.

위 표에서 재밌는 사실 하나를 도출할 수 있는데, 신축 공사비와 리모델링 공사비의 차액이 평당 400만 원 정도라는 점입니다. 리모델링 공사는 철거를 제외하면 대부분이 마감공정이라는 점을 고려했을 때, 기존 건물의 토목과 골조의 잔존 가치가 평당 400만 원에 달한다는 것을 알 수 있습니다.

아찔했던 분데스 언주의 교훈

분데스 언주 사례를 가져와 볼까요. 신축과 리모델링 시에 총 사업비 및 자기자본 구성을 봅시다. 먼저, 비교의 단순화를 위하여 토지건물 매입에 대한 자금 및 금융비는 제외하였음을 미리 밝힙니다. 결론부터 이야기하자면 매우 쉬운 의사결정이었습니다. 리모델링이 신축에 비하여 1/20의 자기자본으로 절반의 효과를 누릴 수 있었기 때문입니다. 자기자본 수익률(Return on Equity, ROE)*을 비교하면 더욱 명확하게 그 근거를 볼 수 있는데요, 즉 자기자본 수익률로 보았을 때 리모델링이 신축의 약 10배의 효율이 있다는 계산이 나옵니다. 게다가 감당해야 하는 리스크도 적습니다. 물론 2022년 초 당시에 공사비 상승은 어느 정도 예상하

* 기업이 자기자본을 이용해 얼마나 효율적으로 이익을 창출하는지를 나타내는 재무 지표입니다. 쉽게 말해, 주주들이 투자한 돈으로 회사가 얼마나 많은 이익을 만들어내는지를 보여주는 것이죠. 공식은 ROE = (당기순이익 / 자기자본) × 100% 이렇습니다. 일반적으로 ROE가 높을수록 회사의 경영 성과가 좋다고 평가됩니다. 하지만 ROE만으로 회사의 모든 것을 판단할 수는 없으며, 다른 재무 지표들과 함께 종합적으로 고려해야 합니다.

분데스 언주 리모델링 및 신축 개요표

구분		기존 건물 (매입 당시)	리모델링 시		신축 시	
			건축 개요	면적 증감	건축 개요	면적 증감
건축 규모	대지면적	752.50m²				
	건물층수	지하 4층, 지상 8층	지하 4층, 지상 8층		지하 3층, 지상 10층	
	건축면적	378.25m²	403.11m²	24.86m²	405.25m²	27.00m²
	연면적 지하층	1,971.40m²	1,971.40m²	0.00	1,971.40m²	0.00
	연면적 지상층	2,835.53m²	2,912.12m²	76.59m²	3,484.46m²	648.93m²
	연면적 합계	4,806.93m²	4,883.52m²	76.59m²	5,455.86m²	648.93m²
	건폐율 법정	53.88%				
	건폐율 계획	50.27%	53.57%		53.85%	
	용적률 법정	463.50%				
	용적률 계획	376.8%	387.0%		463.1%	

고 있었지만, 금융비 상승까지 예상한 것은 아니었습니다. 다만 사업 기간이 줄어들수록 리스크 발생 확률이 줄어든다는 것은 매우 단순한 사실입니다. 이제부터 각 요소에 대한 의사결정 과정을 짚어보기로 합니다.

건축 개요를 보면 법정 용적률은 463%였고, 기존 건물의 용적률은 376%로 약 90%의 용적률을 증축 또는 신축으로 활용 가능한 상황이었습니다. 대지면적이 227평이었으므로 200평의 증축이 가능했는데, 건폐율의 여유가 적었으므로 잔여 용적률을 모두 활용하기 위해서는 수직 증축을 하거나 신축해야 했습니다.

해당 대지는 강남구에서 해발고도가 가장 높은 경사지 정점에 위치해 있습니다. 이러한 사정으로 인하여 수직 증축이나 신축을 위해서는 구조보강이 필수적으로 필요하였고, 설계에 따라 달라지는 부분은 있었으나 당시 구조보강 비용은 최소 40억 원 이상으로 산출되었습니다. 따라서 리모델링을 한다면 수평증축을 하거나 아예 신축을 하는, 리모델링(수평 증축) Vs. 신축의 구도를 쉽게 도출할 수 있었습니다.

임대료를 예상해봤습니다. 기존에 건물은 한 개 법인이 건물 전체를 임차하여 사용하는 마스터리스 계약이 되어 있었습니다. 따라서 건물 외관이나 인테리어가 다소 폐쇄적으로 보이고 범용성이 낮아 임대료가 저평가되어 있다고 판단하였습니다. 하지만 평면 자체는 준수했습니다. 임대차의 가치를 떨어뜨리는 중앙 기둥이 있는 것도 아니었고, 엘리베이터나 계단실과 같은 중앙 코어가 있어 평면 활용이 낮은 것도 아니었으며, 바닥면적도 강남에서 가장 인기 좋은 층당 전용면적 100평 정도였습니다. 따라서 건물 내외관의 리모델링 및 인테리어로써 인근 오피스 중 최고가인 전용 평당 25만 원(관리비 포함)이 가능하다고 판단했고 이는 기존 임대수익보다 약 40%가량 증가된 가격이었습니다. 신축한다면 면적은 증가되고 신축 효과는 있지만 평면 구성 자체에 차이가 있는 것은 아니었으므로 리모델링 시의 임대 수입보다 10% 증액된 전용 평당 27~28만 원 정도 가능하다고 보았습니다.

임대료도 임대료지만, 부동산 투자에서 중요하게 생각해볼 것은 자산가치 상승입니다. 앞에서도 설명하였지만 이 때 도움이 되는 캡레이트(Cap Rate)*는 수익환원법의 근거가 되는 자본환원율을 의

* 캡레이트(Cap Rate)는 부동산 투자의 수익성을 평가하는 지표입니다. 이는 연간 순영업수익(NOI)을 부동산의 현재 시장 가치로 나눈 비율로 계산됩니다. 예를 들어, 연간 순영업수익이 1억 원이고 부동산 가치가 10억 원인 경우, 캡레이트는 10%가 됩니다(1억 원 ÷ 10억 원 × 100%). 이는 투자자가 해당 부동산에 투자했을 때 연간 수익률이 10%임을 의미합니다. 일반적으로 캡레이트가 높을수록 투자 위험은 높지만 수익성도 높다고 볼 수 있으며, 부동산 시장 상황과 지역에 따라 적정 캡레이트는 다를 수 있습니다.

미합니다. 여기에서는 설명의 편의를 위하여 '수익률'이라고 표현하기로 하죠. 수익률은 도심지일수록, 금리가 낮을수록, 부동산 경기가 좋을수록 낮아지며 그 반대의 경우 높아지기도 합니다. 따라서 이제부터는 비교의 명확화를 위하여 매입 당시의 수익률인 3.16%를 고정시킨 후 자산가치를 비교해보겠습니다. 188쪽 표에 따르면 증가된 연간 임대수익에 3.16%를 적용시켰을 때, 리모델링의 경우 246억 원, 신축의 경우 472억 원의 자산가치가 증가하게 됩니다. 즉, 신축이 리모델링보다 약 2배의 자산가치 상승을 이끌겠죠.

끝으로 총 사업비와 자기자본 수익률을 따져보죠. 사업비를 보기 위해 먼저 공사비를 살펴보겠습니다. 2022년 초반 기준으로 리모델링 공사의 경우 총 공사비가 30억 원, 신축의 경우 380억 원(평당 7백만 원)으로 산정하였습니다. 2024년 상반기를 기준으로 산정하면 각 공사비가 1.5배 정도는 될 겁니다. 신축으로 의사결정했다면 현재도 공사 중이었을 거라 공사비 증액 타격이 분명히 있었을 것입니다. 지금 생각해도 참 아찔합니다.

리모델링 공사비용인 30억 원은 기존 건물 매입비용(550억 원)에 비하여 소규모이기도 했고, 실제 사옥으로 사용할 계획이었으므로 1금융권 시설 대출을 활용하는 데 전혀 문제가 없었습니다.

따라서 4% 초반의 금리로 6개월간 사용하였으므로 총 금융비용은 5천만 원에 불과했습니다. 신축의 경우 380억 원으로서 1금융권이 아닌, 증권사 PF로 대출을 일으켜야 했죠. 따라서 당시에 올인금리(각종 수수료를 포함시킨 금리) 8%로 계산 시 52억 원의 금융비용이 산출됩니다. 반복하지만, 만약 신축으로 의사결정하였다면 금리 상승을 면하기 어려웠을 것이고 금융비용도 1.5배는 더 들었을 겁니다. 다시 한번 아찔합니다.

총사업비 및 자기자본 산정

구분			기존 건물 (매입 당시)	리모델링시		신축시	
소요 자금 (기존 건물 매입 금액 제외)	공사 비용	철거비	해당 없음	100,000,000	부분 철거	436,228,898	전체 철거
		구조보강		-	비용 X	2,000,000,000	최소 20억
		공사비		2,900,000,000		38,191,020,000	평당 7백만원
		합계		3,000,000,000		40,627,248,898	
	금융 비용	대출기관		1금융권 시설대		증권사 PF	
		금리		4.20%	올인금리	8%	올인금리
		대출기간		6개월		24개월	
		대출금		2,400,000,000	80%	32,501,799,118	80%
		총 금융비		50,400,000		5,200,287,859	
용적률				3,050,400,000		45,827,536,756	
연면적				650,400,000		13,325,737,638	

총 사업비는 공사비와 금융비용을 합산한 금액이며(취득세, 신탁비용 등은 비교의 편의를 위하여 제외), 위 표를 참고했을 때 중요 요소는, 바로 투입한 자기자본이 일으키는 자산가치 상승값인 자기자본 수익률입니다. 리모델링의 경우 6.5억 원의 자기자본을 투입하여 자산가치를 246억 원으로 상승시킨다면 자기자본 수익률은 3,790%에 달합니다. 즉 투입한 자기자본의 38배의 효과를 누리게 되죠. 신축의 경우 133억 원의 자기자본을 투입하여 자산가치를 472억 원으로 상승시키는 것이니 자산가치 상승만 논하면 신축이 리모델링의 2배(472억 원 Vs. 246억 원)가 되지만 자기자본 수익률은 350%에 불과합니다.

자기자본 수익률 산정

구분		기존 건물 (매입당시)	리모델링시	신축시
자산 가치	전용면적	825평	840평	980평
	전용평당가	175,758	250,000	275,000
	임대 수입 (관리비 포함) 월임대 수입	145,000,000	210,000,000	269,500,000
	연임대 수입	1,740,000,000	2,520,000,000	3,234,000,000
	매각가(예상)	55,000,000,000	79,655,172,414	102,224,137,931
	자산가치 증가	-	24,655,172,414	47,224,137,931
	Cap.Rate	3.16%	3.16%	3.16%
		동일한 평면에서의 비교를 위하여 매입당시의 Cap.Rate를 기준으로 비교		
자기자본 이익	투입 자기자본		650,400,000	13,325,737,638
	자산가치 상승		24,655,172,414	47,224,137,931
	자기자본 수익률(ROE)		3790.8%	354.4%
리스크	사업기간 중 공사비 증액 리스크		小	大
	사업기간 중 금융비 상승 리스크		小	大
	공사로 인하여 임대료 수취 불가한 기간		6개월	24개월
비고		비교의 단순화를 위하여 최초 매입가에 대한 금융비, 자기자본 등은 제외하였음		

분데스 언주의 자기자본 수익률 분석 결과, 리모델링이 신축 대비 약 10배의 효율성을 보여
리모델링 결정을 신속하게 내릴 수 있었습니다.

지금까지 의사결정의 주요 요소들을 살펴보았습니다. 부동산 개발업이 아닌 타 사업에서도 중요한 의사결정 요소는 투입 대비 수익일 겁니다. 따라서 분데스 언주의 '리모델링 Vs. 신축'은 리모델링의 승리로 끝났음을 쉽게 예측할 수 있죠. 게다가 우연적인 부분이지만, 리모델링 공사가 완료된 후에 공사비 인상과 금리 상승이 본격화되었기 때문에 경기에 따른 리스크도 회피할 수 있었습니다.

신축 Vs. 리모델링 공사 기간 비교

연면적 300평을 기준으로 지하 1층, 지상 5층을 비교한다고 가정하였을 때 신축의 경우 토목 2개월, 구조 4개월, 마감 4개월 등 총 10개월이 소요된다고 볼 수 있습니다. 리모델링의 경우 구조 1개월, 마감 4개월, 총 5개월 소모됩니다. 리모델링의 시공 기간은 신축의 절반 수준이죠. 이는 이자와 같은 금융비의

신축공사와 리모델링 프로세스 비교

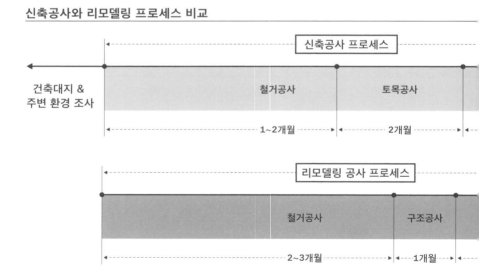

지출 자체를 줄이는 효과도 있지만, 준공이 앞당겨지기 때문에 월세 수입으로 현금 흐름을 더 빨리 창출할 수 있게 되어 이 또한 건축주의 부담을 줄이는 효과가 있습니다. 기본적으로 리모델링과 신축의 공사 기간 차이점 중 가장 큰 요소는 토목공사와 구조공사의 유무로 볼 수 있습니다. 일반적으로 토목과 구조공사의 기간이 전체 공사 일정에서 50% 정도를 차지하고 있기 때문입니다. 또한 심의 및 신고 기간이 신축에 비해 더 걸리는데요, 여기서 철거 공사에 소요되는 기간에서 빠져 있습니다. 신축인지, 리노베이션인지 그리고 신고 건인지, 심의 건인지에 따라 기간이 상이합니다.

신축과 리모델링 철거 심의 신고 건 기간 비교

내 용	신축	리모델링
심의	2개월	3개월
신고	1개월	2개월

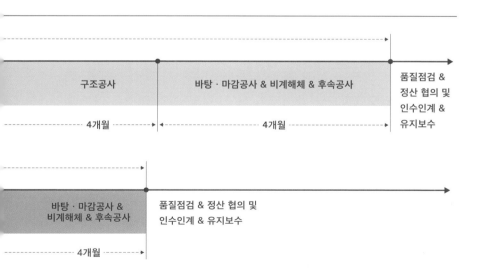

앞의 표에서 볼 수 있듯이 리모델링의 경우 철거 기간이 좀 더 길게 걸리는데 이는 신축을 위한 멸실 철거의 경우 장비로 철거하는 반면, 리모델링 철거는 사람이 하는 부분이 많아 시간이 더 걸립니다. 그에 따라 멸실 철거보다 리모델링 철거가 비용도 더 크다고 볼 수 있습니다. 그러나 전체 공사를 보면 리모델링이 훨씬 더 유리한 걸 잊지 말아야겠죠.

일반적인 신축공사는 대지, 주변 환경 분석을 하고 철거 후 토목공사, 구조공사, 바탕공사, 마감공사 후 후속공사를 진행하고 품질점검 및 인수인계 등의 9단계를 거쳐야 합니다. 이에 비해 리모델링 공사는 철거 후 구조공사, 바탕과 마감 공사, 비계 해체 및 후속공사, 품질점검, 인수인계의 7단계를 거쳐야 합니다. 프로세스가 더 단순하고 짧게 진행될 수 있는 장점이 있습니다.

수익률과 자기자본 수익률

자, 그럼 월세를 비교해봅시다. 리모델링한 건물의 월세가 신축 건물의 월세보다 더 높은 경우는 거의 없습니다. 하지만 좋은 건축사를 만난다면 리모델링 건물의 월세를 신축 건물의 월세에 근접한 수준으로 만드는 것은 충분히 가능합니다. 사례에서 지하 층의 월세는 리모델링과 신축이 동일하고, 지상 층의 월세는 리모델링이 신축의 80%를 넘습니다. 종합적으로 현금 흐름 비교해봅니다. 앞서 살펴본 바와 같이 리모델링은 신축에 비하여,

1) 공사비와 공사 기간이 절반 수준이라 이자비용은 절반 이하이고(위 표에서 이자비용이 2배 차이가 나지 않는 이유는 기존 대출인 17억 원을 함께 대출했기 때문입니다.)

2) 월세는 신축의 80% 이상이므로 대출이자 5.0%일 때의

연간 현금 흐름(연 임대수익 – 연 이자비용)은 리모델링 6,796만 원, 신축 3,052만 원으로 오히려 리모델링의 현금 흐름이 뛰어나다는 부분을 알 수 있습니다.

토지가 본인 소유인 경우에 공사비의 80%까지는 대출이 가능합니다. 즉, 공사비의 최소 20% 이상의 자기자본을 투입하여야 하는데 위 사례를 참고하면 리모델링의 경우에는 3.4억 원(17억 원의 20%), 신축의 경우에는 6.4억 원(32억 원의 20%)의 최소 자기자본이 필요하다는 것을 알 수 있습니다. 건축주가 최소 자기자본을 투입하고 금리가 5%라는 가정에서 자기자본 수익을 비교하자면, 리모델링은 3.4억 원을 투입하여 연간 약 6,796만 원의 수익을 창출하고 신축은 6.4억 원을 투입하여 연 5,277만 원의 수익을 창출한다는 점을 알 수 있습니다. 위 사례 비교에서 알 수 있듯이, 리모델링은 신축보다 더 적은 투입 비용으로 더 많은 수익을 창출할 수 있습니다.

하지만 주의해야 할 점은 이런 효과를 누릴 수 있는 토지는 한정적이라는 것입니다. 이제 어떤 선택을 통해 리모델링의 효과를 극대화할 수 있는지 알아보겠습니다.

금융기관에서 마감재 선택까지 머니 로드맵

저축은행의 프로젝트 파이낸스(PF) 대출과
1금융권의 시설자금 대출 중 어느 것이 유리할까요?

정답은 >

현재 꼬마빌딩 규모의 건축주들은 대출기관 선택에 있어
1금융권 외에는 사실상 선택지가 거의 없습니다.
그리고 이러한 금융 환경은 부동산 시장에서 리모델링 붐을
더욱 촉진하는 흐름을 만들어내고 있다고 합니다.

신축이나 리모델링 모두 건축주는 설계 단계부터 시공 단계, 준공 후 임차인 유치뿐 아니라 건물 관리 등에 이르기까지 수많은 선택을 해야 합니다. 그 선택의 기준은 자금이 될 수도 있고, 개인의 디자인적 취향이 될 수도 있으며, 상속이나 증여에서의 유리한 방향이 될 수도 있습니다. 수많은 선택의 기준 중에서 가장 중요한 한 가지를 고르라고 한다면, 주저 없이 '안정성'을 택할 겁니다. 건축이라는 분야는 큰 비용이 소요되고 한번 건축된 건물이 최소 20~30년을 좌우할 수 있기 때문입니다. 이번 글에서는 리모델링을 결심한 건축주 입장에서 무엇이 안전한 선택인지 소개합니다.

설계와 시공 업체의 선정

책 전반에 걸쳐 누누이 강조했듯 리모델링은 건물이 오래되고 구조가 복잡할수록 신축보다 더 고난도의 작업이라 할 수 있습니다. 그러니 앞장에서 언급한 '신축급의 월세 효과'를 누리기 위해서는 어느 정도까지 철거를 해야 하고, 각각의 설계안에 따라 공사비는 얼마나 달라지는지 등을 설계 단계에서 비교적 정확하게 체크할 수 있어야 합니다.

그런데 설계사와 시공사를 각각 선정하게 되면, 설계 단계에서 실시간으로 공사견적 체크가 불가능할 뿐 아니라 설계사에서 예측한 공사비용과 시공사가 제시하는 견적이 크게 차이나는 경우가 많습니다. 대부분의 경우 설계가 완료된 이후부터 시공사를 선정하기 때문에 설계 과정에서 실시간으로 비용 체크가 힘들기 때문입니다.

'신축급 월세 효과'를 위해서는 설계 단계에서 철거 범위와 다양한 설계안에 따른 공사비 변동을 정확히 분석해야 합니다.

그래서 설계와 시공을 같이 하는 업체를 선정하는 것이 건축주 입장에서는 비용의 예측 가능성을 높일 수 있습니다. 또한 설계 단계에서부터 시공사 측과 긴밀한 소통을 하면서 각 설계안별로 예상 월세와 비용을 체크해가며 최대 가성비를 갖춘 설계안을 선택할 수 있습니다. 해당 업체가 리모델링에 대한 경험이 많은 곳이라면 더더욱 좋겠죠.

설계와 시공 현장 간 소통의 중요성

공사 현장에서는 크고 작은 문제들이 늘 발생하게 됩니다. 도면의 사소한 오류에 대한 시정 요청일 수도 있고, 시공사에서 공사비 절감효과가 있다고 판단하여 설계변경 요청(Value Engineering, VE)*을 하는 경우도 있습니다. 그리고 도면 자체에는 문제가 없지만, 현장 여건에 의하여 도면을 변경해야 하는 경우도 왕왕 생깁니다. 하지만 꼬미빌딩 정도의 규모에서 일반적으로 설계사

> *제품이나 서비스의 기능은 유지하면서 비용을 절감하거나 가치를 높이는 접근 방법입니다. 건설 프로젝트에서는 건물의 기능성은 유지하면서 더 경제적인 자재나 공법을 선택하여 전체 프로젝트 비용을 절감하는 방식이죠.

무소는 건축인허가가 완료되면 설계비를 잔금까지 완납받게 되므로, 공사 단계에서 건축주나 시공사의 요청에 일일이 시간을 내어 대응하기 쉽지 않습니다. 건축주 입장에서도 채근할 수 있는 수단도 마땅히 없죠. 설계 측에서의 대응이 미온적인 경우에 시공사는 어느 순간부터 설계사무소나 도면 탓을 하게 되고, 설계사무소에서는 도면은 문제가 없는데 시공사의 능력이 부족하다는 식의 지리한 책임 공방이 시작됩니다. 이런 식으로 설계와 시공 간에 소통이 안 되기 시작하면 그 피해는 고스란히 건축주의 몫이 됩니다.

하지만 설계와 시공을 하나의 업체에서 하게 된다면 도면과 현장의 소통이 원활하여 문제가 발생할 가능성이 적고 공사 과정에서도 공정별로 지속적인 VE가 가능해집니다. 만약 문제가 발생하게 되더라도 그 책임을 떠넘겨버릴 상대방이 존재하지 않기 때문에 어떻게든 해결을 해내야 하죠. 따라서 리모델링을 결심한 건축주는 리모델링의 경험이 많고 역량이 있는, 설계와 시공을 같이 하는 업체를 선정하는 것이 가장 안전한 선택이라고 볼 수 있습니다.

금융기관의 선정: 저축은행 Vs. 1금융권

저축은행의 프로젝트 파이낸스(PF) 대출과 1금융권의 시설자금 대출을 비교해봅시다. PF는 Project Finance의 약자인데, 신용도나 담보 대신 사업계획, 수익성 등을 보고 인프라 및 산업 프로젝트의 장기자금을 제공하는 금융기법으로, 대부분 비소구금융(Non-Recourse Loan)에 속합니다. 보통 사업자가 금융권에 자금을 대출받거나 보증을 받을 때 프로젝트 파이낸싱이라는 개념이 적용됩니다. 참고로, 토지 확보 등 특정 목적을 위해 중간 단계에서 짧게는 2주, 길게는 3년 기간으로 조달하는 단기 자금을 브릿지론(Bridge Loan, Bridging Loan)이라고 합니다.

저축은행은 금리가 1금융권보다는 높지만, 대출한도가 총사업비의 80%이므로 건축주는 총사업비의 20%에 해당하는 자기자본으로 사업을 할 수 있어 자기자본 수익률을 높일 수 있다는 점이 최대 장점입니다. 이에 비하여 1금융권은 자기자본을 총사업비의 30% 이상 투입해야 하지만 저축은행보다 저렴한 금리를 이용할 수 있다는 것이 장점이죠.

하지만 2022년도 하반기부터 금리가 급등하고 부동산 경기가 경색되면서 대형 PF사업들이 줄줄이 멈추게 되어 '저축은행의 20% 자기자본 룰'이 깨지기 시작했습니다. 대출심사 자체도 매우 까다로워졌으며 그나마 대출한도 역시 1금융권과 비슷한 수준으로 낮아져 저축은행의 장점인 자기자본 수익률 극대화 효과를 누릴 수 없게 되었습니다. 또한 급격히 상승한 공사비와 금융비용 탓에 준공 후 1금융권으로의 담보대출 전환도 쉽지 않습니다. 이러한 상황은 현재 시점인 2024년도 상반기에도 전혀 나아지지 않고 있습니다.

따라서 지금 꼬마빌딩 규모의 건축주에게 대출기관에 있어서 1금융권 외에 선택지가 사실상 없습니다. 1금융권은 자기자본 여력이 충분해야 하므로, 공사비 및 금융비용 절감의 효과를 누릴 수 있는 리모델링이 자연스레 대세가 될 수밖에 없는 흐름입니다.

건축자재, 마감재의 선정

대부분의 꼬마빌딩 건축주는 건축공사가 일생에 몇 번 없는 이벤트이기 때문에, 자신의 소중한 건물에 들어가는 건축자재에 욕심을 내는 경향이 높습니다. 설계 단계에서는 비용을 고려하여 현명한 선택을 한 건축주라 하더라도 마감 단계에 와서는 욕심을 버리지 못하고 좋은 마감재로 변경하는 경우가 수없이 많았습니다. 이는 당연하게도 공사비 증액 요소가 되어 준공 시에 청구서로 돌아오게 됩니다.

하지만 일반적인 생각과 달리 좋은 건축자재가 공사비를 증가시키는 만큼의 월세 효과를 내지 못하는 경우가 오히려 많습니다. 의외로 상가(특히 월세)는 임차인이 자신의 비용으로 직접 인테리어를 하기 때문에 입지와 건물의 구조(바닥면적의 형태, 기둥의 위치 등)에서 결정되어 버리기 때문이죠. 자금에 여유가 있는 건축주라면, 월세를 상승시키는 가장 중요한 요소는 바닥면적이므로 건축자재에 여유자금을 쓰기보다는 면적을 증가시키는 테라스나 용적률에 산정되지 않는 '보너스 면적'에 돈을 사용하는 것이 두고두고 현명한 투자가 됩니다. 이 점을 꼭 유의하시기 바랍니다.

그렇다고 가장 저렴한 자재들로만 채운다면 받을 수 있는 좋은 월세는커녕 평균 수준의 월세도 받기 힘든 상황이 될 수 있으니, 반드시 전문가에게 월세와의 상관관계에 대하여 조언을 받은 후에 선택하는 것이 안전합니다.

고급 건축자재 사용으로 인한 공사비 증가가 월세 상승으로 충분히 이어지지 않는 경우가 빈번합니다.

돈은 이렇게 아껴야 한다

부동산 매매계약을 할 때에는
잔금 기간을 최소 어느 정도는 둬야 할까요?

정답은 >

최소 6개월 이상 확보해야 합니다.
잔금을 빨리 치르게 되면 이자비용이 증가할 뿐만 아니라,
인허가 완료 전에는 1금융권의 시설자금 명목으로 대출도 받을 수
없어 자금 조달에 상당한 차질이 생길 수 있으니 주의해야 합니다.

건축주 대부분이 설계사무소를 찾아오는 시점은 토지매매계약을 체결한 이후입니다. 잘못된 매매계약은 아무리 실력 좋은 건축사라 하더라도 해결해 줄 수 없습니다. 그만큼 땅이 가진 가치가 중요하기 때문이죠. 이번 장에서는 매매계약과 공사 과정에서 리모델링 혹은 신축을 하는 건축주들이 가장 많이 하는 몇 가지 실수를 소개하고자 합니다. 알아만 두면 쉽게 대처할 수 있는 실수들이니 반드시 챙기도록 합시다.

리모델링 철거비 부가세 환급

신축 시 기존 건물을 철거하는 철거비는 토지에 속하는 비용으로 봅니다. 이를 '토지의 자본적 지출'이라고 하죠. 토지의 자본

적 지출은 본래의 용도를 변경하기 위한 개조에 관한 투자입니다. 예를 들어, 습지를 매립하여 건축 가능한 토지로 만드는 경우가 대표적인 자본적 지출입니다. 이외에도 경사진 토지에 옹벽을 설치하여 안정성을 높이거나, 토지 접근성을 개선하기 위해 진입로를 새로 개설하거나, 홍수 방지를 위한 대규모 배수시설을 설치하는 것도 한 예로 볼 수 있습니다. 즉, 신축 시 기존 건물 철거란 본래의 용도를 변경하기 위한 개조이므로, 토지의 자본적 지출에 해당하고, 이 내역은 부가세를 환급받지 못합니다. 하지만 리모델링의 경우에는 기존 건물을 전부 철거하는 것이 아니므로 세무적으로는 기존 건물의 잔존가치가 남아있다고 보아 건물 철거비의 10%에 해당하는 부가세를 환급받을 수 있습니다.

철거 행정이 복잡해지고 철거비 단가도 상승하여 대부분의 사업지에서 억 단위의 철거비가 소요됩니다. **이를 미리 알고 건축물 철거비에 대한 부가세 환급을 신청한다면 최소 천만 원 이상의 부가세(용역대금의 10%)를 환급받을 수 있습니다.** 이는 세무사 사무소에서도 모르는 경우가 많으니, 반드시 세무사에게 건물 철거비 부가세 환급을 요청해야 합니다.

취득세 중과세 여부 확인

1주택 이상을 소유하고 있는 사람이 리모델링을 목적으로 단독주택을 매수할 경우, 일반적으로 취득세 중과세를 납부해야 합니다. 하지만 매매계약 시 매도인과 협의하여 잔금 지급 전에 기존 건물을 철거하고 건축물대장을 말소하여 잔금 시점에 나대지 상태로 만들거나, 또는 잔금 지급 전에 주택을 근린생활시설로 용도변경을 하여 잔금 시점에 건축물의 용도가 주택이 아니라면 취득세 중과를 피할 수 있습니다.

이는 매수자가 기존 주택을 주택으로 취득하는 것이 아니라 리모델링하여 근린생활시설로 활용할 목적으로 취득하는 것이므로 취득세 중과의 입법 취지에도 위반되지 않습니다. 이러한 내용을 매매계약을 할 때부터 특약사항에 반드시 포함시켜야 합니다. 이를 통해 합법적으로 취득세 중과를 피하면서 리모델링 목적을 달성할 수 있습니다.

잔금 기간과 명도

아무리 작은 건축물이라도 설계 디자인안을 확정하는 데 최소 2개월, 건축허가를 받는 데 최소 2개월이 걸립니다. 리모델링의 경우 해체심의 등 추가 심의를 받아야 하기 때문에 시간이 더 소요될 수 있습니다. 예상치 못한 변수에 대응할 수 있는 예비 기간으로 최소 3~4개월을 더 확보하는 것을 추천드리는 이유입니다.

또한, **신축이나 리모델링을 목적으로 부동산 매매계약을 할 때에는 잔금 기간을 최소 6개월 이상 확보해야 합니다.** 잔금을 빨리 치르게 되면 이자비용이 증가할 뿐만 아니라, 인허가 완료 전에는 1금융권의 시설자금 명목으로 대출도 받을 수 없어 자금 조달에 상당한 차질이 생길 수 있으니 주의해야 합니다.

명도가 필요한 경우에는 가급적 매도인 책임으로 계약하는 것이 좋습니다. 매도인은 기존 임차인 입장에서 임대인이므로, 기존 임대인이 하는 명도가 새롭게 나타난 매수인이 하는 명도보다 비용과 노력 면에서 훨씬 수월하기 때문입니다. 불가피하게 매수인이 명도를 해야 하는 입장이라면 반드시 잔금 시기를 명도 완료 시점과 연동시켜야 합니다. 명도를 당하는 임차인 입장에서는 생업의 터전을 잃는 일이기 때문에 생각보다 지체되는 경우가 많아 사업의 리스크가 커질 수 있습니다.

　명도비를 과도하게 아끼려고 하면 명도 시기가 지체될 가능성이 높습니다. 경우에 따라서는 조속한 명도 후 준공 시기를 앞당기는 것이 이득이 될 수도 있으니 적정한 명도비를 책정하여 임차인과 협의하는 것이 좋습니다. 적정한 명도비는 '임차인이 지금과 비슷한 입지에서 생업을 다시 시작할 수 있는 정도의 비용'으로 보면 됩니다. 즉, 새로운 가게에서의 인테리어 비용 및 이사비용 정도를 제시하며 협상하면 대부분의 임차인은 받아들이게 됩니다. 하지만 명도에는 늘 예외가 존재하고 불합리한 비용을 요구하는 임차인도 분명히 있으므로, 가급적 명도는 매도인 책임으로 하는 것이 유리합니다.

05

AI와 최신 기술이 바꾸는

리모델링 시장

전기원

리모델링 시장의
아킬레스건

왜 유독 리모델링 산업의 디지털화가 더딜까요?

정답은 >

공급자 중심의 산업구조, 예측 불가능한 다양한 변수,
그리고 파편화된 사업 과정을 그 이유로 꼽습니다.
이러한 요인들로 인해 디지털 정보와 실제 상황을 일대일로
대응시키기 어렵죠. 이러한 문제점들을 개선하고 리모델링 산업의
디지털화를 추진하는 것이 중요한 과제라고 생각합니다.

지금 어느 업계 한 곳 빠짐 없이 '디지털 전환(Digital Trans-formation, DX)'을 주목하고 있습니다. 접근 방식에는 차이가 있지만, 디지털 전환이라는 거대한 변화의 파도가 우리의 내일을 더 크게 바꾸기에 빠르게 파도를 타야 한다는 데 모두 동의하는 눈치입니다. 그러니 건설업계도 한눈 팔 수 없습니다.

디지털 전환은 새로운 비즈니스 모델이나 제품 혹은 서비스 창출을 위해 디지털 기술을 사용해 고객과 시장의 급진적인 변화에 대응하는 일련의 프로세스를 의미합니다. 전통적인 건설산업은 '전후방 가치사슬'로 구분됩니다. 이때 전방의 가치사슬은 기획이나 타당성 검토, 프로젝트의 관리, 개념·기본 설계로 구성됩니다. 본격적인 건설 이전에 행해지는 일련의 과정이죠. 후방 가치사슬은 상세 설계, 구매 조달, 시공, 그리고 감리, 유지

보수 단계로 나뉩니다. 다양한 디지털 기술이 건설산업의 각 가치사슬에 적용되면서 전통적인 사업 모델의 변화가 본격화되고 있어요. 기획부터 시작하여 설계로 이어지는 전방의 가치사슬은 다양한 아이템과 요소를 동시에 다각적으로 검증하고 테스트하며 대지에 맞는 최적의 설계를 자동으로 구현할 수 있게 돼죠. 또한 구매나 조달부터 유지 보수의 후방 가치사슬은 데이터 분석과 시공 자동화를 통해 비용을 줄이고 시공 과정의 리스크를 줄이고 한눈에 모니터링할 수 있는 '과정의 통합'을 추구하고 있습니다.

현재를 '4차 산업혁명 시대'라고 하지요. 한 해 한 해 기술이 더 빠르게 발전하고 우리 삶에 급속도로 스며들고 있다는 걸 피부로 느낄 겁니다. 2023년 등장한 ChatGPT는 알파고와 이세돌 간 치러진 '세기의 대결' 이상의 충격을 주었습니다. 이에 따라 가상·증강 현실 기술, 사물인터넷, 빅데이터 분석, 3D 프린팅, 드론 기술, 클라우드 기반의 BIM(Building Information Modeling, 건설 정보 모델링)* 체계 등 건축과 관련된 디지털 기술들이 가치사슬 전후방에 엄청난 변화를 일으키고 있습니다. 이러한 기술 혁신과 첨단 기술을 통한 변화는 건설산업 가치사슬의 통합을 야기합니다. 그 결과 공기 단축, 비용 절감, 안전과 환경 지표 개선의 효과를 약속하는 것이지요.

* BIM(Building Information Modeling)은 건축, 엔지니어링, 건설 분야에서 사용되는 디지털 표현 프로세스입니다. 이는 건물의 물리적, 기능적 특성을 디지털로 생성하고 관리하는 기술로, 프로젝트의 전 생애주기 동안 정보를 공유하고 의사결정을 지원합니다. 예를 들어, 고층 빌딩 프로젝트에서 BIM을 사용하면 건축가, 엔지니어, 시공사가 동일한 3D 모델을 공유하며 설계 변경, 비용 추정, 충돌 감지 등을 실시간으로 수행할 수 있습니다.

하지만 건설산업, 그중에서도 건축물 리모델링 산업은 다른 산업군에 비해 디지털 전환과 스마트화에 대한 대처가 무척이나 느린 편이에요. 그 이유는 다양합니다. 여전히 리모델링 건설

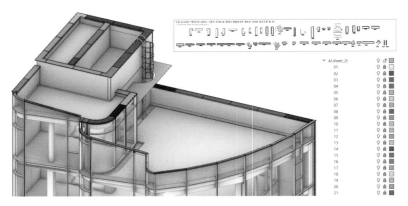

DX를 활용한 기술혁신, BIM

현장에서는 즉석에서 결정한 치수를 시뮬레이션 없이 일단 시공하고 보겠다는 자세, 디지털 전환의 필수인 기록이나 로그는 그다지 관심을 두지 않는 태도가 일상입니다. 사정이 이러하다 보니 현장 소장의 역량에 의존도가 지나치게 높아지고, '휴먼 에러'에 대한 대처가 쉽지 않아요. 이런 산업 발전의 지체는 고스란히 소비자의 불편으로 돌아옵니다. 그렇다면 왜 유독 리모델링 산업의 디지털화가 더딜까요?

먼저 공급자 중심의 산업구조를 문제로 볼 수 있습니다. 건설업 자체가 소비자가 아닌 공급자(시공사)를 중심으로 형성되다 보니, 디지털화가 공급자에게 가져다주는 이익이나 편의가 없다면 새로운 기술을 적용하기가 쉽지 않습니다. 즉, 건설사 대부분은 디지털화가 가져오는 정보의 투명성이 자칫 원가 공개로 인한 이익감소로 이어지지 않을까 걱정합니다. 이 때문에 의도적인 정보의 차단을 통해 정보비대칭성이 발생하고 소비자는 내돈이 제대로 쓰이고 있는지 확인하기도 쉽지 않습니다.

대표적인 예가 BIM이에요. BIM은 3D프로그램을 활용하여 착공에 앞서 모든 부분을 디지털 공간에 미리 지어보고 자재

의 물량을 확인하고 정확한 견적을 내어 각종 문제를 확인하는 일종의 시뮬레이션 과정입니다. 시공의 오차와 재료의 낭비를 줄일 수 있어 장점이 많습니다. 미국이나 유럽, 호주 등 대부분의 건축 선진국에서는 다양한 방식으로 도입했습니다. 우리나라에서도 정부 주도로 이 기술의 현장 도입을 추진한 바 있죠. 2020년 12월 국토교통부가 '건설산업의 전면 BIM 도입, 본격 추진!'이란 제목의 보도자료를 낸 것만 봐도 알 수 있습니다. 그러나 그로부터 4년이 지났지만, 여전히 요원합니다.

대부분의 건설사가 기술에 발빠르게 대응해서 얻는 이점보다 기술 도입에 들어가는 비용이 크다고 생각하기 때문이에요. 다시 말해 BIM을 활용한 기술혁신을 통해 공사 내역이 투명하게 공개되고 시뮬레이션과 실제 시공내역을 비교할 수 있다면 소비자에게는 너무나 큰 이익이지만, 공급자에게는 정확한 정보의 관리 때문에 생기는 리스크, 도입 비용에 대한 부담 등이 더 크게 느껴지는 겁니다.

더불어, 건물 리모델링은 공사 중 돌발 변수가 많아 디지털 정보와 일대일 대응을 하기 어렵다는 부분도 있어요. 보통 건

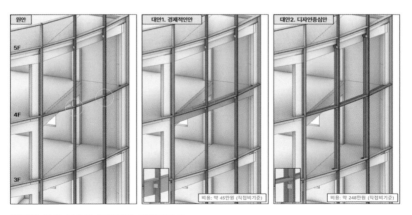

BIM을 통한 서초동 리모델링 시뮬레이션

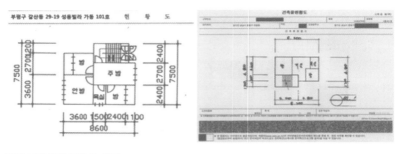

과거 부정확한 도면의 사례

물 리모델링이 수십년 이상의 오래된 건물을 다루는 일이다 보니, 심지어 기초적인 도면 자료가 없는 경우도 흔합니다. 이런 경우에 아무리 꼼꼼히 설계해도 실제 공사 중에 돌발 상황이 생깁니다. 철거하다가 도면과 다른 현황을 마주하는 경우가 허다합니다. 의외로 구조적으로 매우 취약한 부분이 발견될 수도 있고, 수평·수직이 맞지 않아 설계를 그대로 적용하기 힘든 경우도 있어요. 그렇다 보니 컴퓨터상에 존재하는 건물의 데이터와 실제 현실 세계에 존재하는 건물에 간극이 있고, 이는 디지털화된 건물 리모델링 프로세스에 대한 신뢰도 문제로 이어지게 됩니다.

파편화된 사업 과정도 문제입니다. 건축 전반에 걸친 사업 검토와 설계, 시공 그리고 운영을 각각 다른 주체와 업체들이 진행하다 보니, 디지털 전환 관점에서는 하향평준화가 발생합니다. 예를 들어 설계업체가 3D 스캐너를 통해 세세한 부분까지 검토한 자료를 시공업체로 넘겨도 시공사가 그 자료를 활용할 줄 모르면 더 이상 그 자료는 쓸모가 없게 되지요. 산업 혁신에 대해 강력한 의지를 가진 설계사가 아무리 노력해도 기존의 일하는 방식에 익숙하고 발전에 대한 의지가 없는 업체 한 군데만 끼어들어도 이 노력이 무산된다는 뜻입니다. 즉 아쉽게도 업계의 전

반적인 수준이 나아지지 않는 이상 '스마트 건설'은 요원해 보이
는 것이 현실입니다.

스마트테크, 게임체인저의 등장

리모델링 산업도 스마트해질 수 있을까요?

정답은 >

AI가 설계를 최적화하고, 드론이 현장을 감독하며,
로봇이 건설 작업을 수행하는 모습을 상상해보세요.
이것이 바로 스마트테크가 만들어갈 리모델링의 미래입니다.

건축산업의 전후방 가치사슬을 연결하여 산업 전체의 파이를 키워야 한다는 점은 업계 관계자 모두가 공감하는 부분입니다. 디지털 전환은 이제 선택이 아닌 필수가 되었습니다. 콘테크(Con-tech)*라는 용어도 등장했지요. 건설공정을 디지털화해 생산성을 높이겠다는 취지를 담고 있는데 여기에는

> * 콘테크는 건설(construction)과 기술(technology)의 합성어입니다. 이미 미국, 스페인, 독일 등은 관련 서비스 플랫폼들이 많이 생겨나고 있습니다.

BIM, 클라우드, 사물인터넷, 인공지능 등 매우 다양한 기술들이 뒷받침하고 있어요.

　그렇기에 리모델링 건축산업을 둘러싼 제한 사항들은 빠르게 발전하는 AI 기술과 컴퓨팅 파워로 곧 극복될 것으로 보입니다. 예를 들어, 구글의 딥마인드가 개발한 AI 시스템은 복잡한

정보 처리 과정을 최적화하는 데 사용되어 에너지 효율을 40% 까지 향상시킨 사례가 있습니다. 이처럼 AI가 설계에 관한 다양한 정보를 신속하게 분석하고 예측하며 시뮬레이션하여 효율적인 결론을 도출한다면, 리모델링 산업에 새로운 패러다임이 열릴 것입니다.

현장 정보 수집에도 혁신이 일어나고 있습니다. 3D 스캐너와 드론 같은 첨단 장비를 통해 대용량의 정확한 데이터를 수집하고, 이를 AI가 분석하여 효율적인 현장 진행을 돕는 시스템이 이미 구축되고 있습니다. 예를 들어, 오토데스크의 BIM 360 플랫폼은 실시간으로 건설 현장 데이터를 수집하고 분석하여 프로젝트 관리 효율성을 높이고 있다고 합니다.

사물인터넷(IoT) 기술을 바탕으로 한 혁신도 건설 현장에 빠르게 도입되고 있습니다. '인더스트리 4.0'으로 불리는 4차 산업혁명 시대에는 기계, 건축 재료, 물질 등이 모두 인터넷 네트워크와 연결됩니다. 우리 일상에서 이미 익숙한 로봇청소기, 3D 프린터, 스마트홈 기술은 점점 고도화되어 건설 현장에도 적용될 것입니다. 실제로 보스턴 다이내믹스의 로봇 스팟 (Spot)은 이미 여러 건설 현장에서 안전 점검과 진행 상황 모니터링에 활용되고 있습니다.

무인 포크레인이 건물을 철거하고, 로봇이 자재를 나르는 미래는 우리의 상상보다 가까이 있어요. 예를 들어 일본의 5대 건설사로 손꼽히는 오바야시는 이미 AI와 로봇을 활용한 무인 건설 시스템을 개발하여 현장에 적용하고 있습니다. 2020년에 착공한 미에 현 대형 댐 건설 현장에는 일부 작업을 제외하고 모든 작업을 자동화 장비로 한다고 발표했지요. 물론 드론이 현장의 안전을 확인하고, 3D 프린터를 통해 빠르고 효율적으로 벽체를 만드는 기술도 이미 실험 단계를 넘어 실제 현장에 적용되

'리모델링
실전 노하우'
강의 현장

고 있습니다.

하지만 이러한 기술 혁신의 빠른 적용을 위해서는 소비자가 건설 정보에 쉽게 접근할 수 있는 편리한 플랫폼이 필수적이에요. 아무리 뛰어난 기술 혁신이 있어도 공급자와 소비자 간의 원활한 소통이 없다면 선순환적인 가치사슬을 만들기 어렵습니다.

이러한 배경에서 제로투엔이 개발한 **리모델링 원스톱 솔루션 REER(리어)는 중요한 의미를 갖습니다. '리모델링을 하는 사람'이라는 의미도 담긴 이 서비스는 디지털 시대의 새로운 리모델링 표준을 제시하고자 합니다.** 비록 리모델링 시장이 아직 완전히 개척되지 않은 영역으로 남아 있지만, 선구자의 도전은 후발주자들에게 더 큰 기회를 열어줄 것입니다.

결론적으로, 스마트테크를 활용한 리모델링은 건설산업에 혁명적인 변화를 가져올 것입니다. AI, IoT, 로봇공학 등의 기술은 이미 현장에서 실제 성과를 내고 있으며, 앞으로 더욱 광범위하게 적용될 것입니다. 이러한 디지털 대전환 시대를 선도하는 스마트 리모델링 서비스의 새로운 표준을 제시하는 것이 우리의 목표이며, 이를 통해 건설산업 전체의 혁신과 발전을 이끌어나갈 수 있을 것입니다.

기획, 설계,
시공, 인테리어,
운영까지
원스톱 솔루션

부동산 사업을 내 손안에서 관리할 수 있을까요?

정답은 >

제로투엔 리모델링 서비스는 바로 그것을 목표로 개발되었습니다. 부동산 사업의 전 과정을 아우르는 원스톱 솔루션을 제공함으로써, 건물주님들의 사업 여정을 보다 효율적이고 스마트하게 만들어드립니다. 제로투엔과 함께라면, 누구나 현명한 건물주로 거듭날 수 있습니다.

리모델링 산업의 디지털화를 이룰 수 있을까요? 앞서 전술한 리모델링 산업 구조를 공급자 중심에서 소비자 중심으로 바꿔야 하는 데에 그 힌트가 있습니다.

그래서 만든 첫 번째 주요 기능, 바로 AI 예산 계산기입니다. 약 20개의 현장에서 발생한 1만 건 이상의 공종별 변수를 알고리즘화했고, 이를 다양한 규모의 건물에 적용 가능한 유연한 모델로 변환했습니다. 실제로 제로투엔이 맡은 리모델링 사업의 공사비를 AI로 분석하여 오차 범위 5% 이내의 예측값을 순식간에 도출하더군요. 어떻게 가능하냐구요? 시공과 디자인을 동시에 진행하는 내부의 인적 구조 자체에 그 비결이 있습니다. 그간 수없이 진행한 설계와 견적을 통해 구축한 자체 데이터베이스와 알고리즘을 구축했기 때문입니다. 리모델링 과정에 필요한

617가지 아이템의 금액 DB를 구축하였으며, 자체 구축한 알고리즘을 통해 예상 리모델링 공사비를 산출합니다. 당연히 금액 DB는 시장 변화에 따라 금액을 변경하면 자동적으로 현재 시점에서 예상 시공비가 도출됩니다.

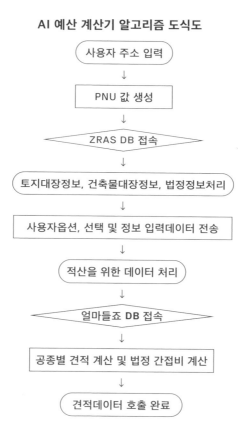

AI 예산 계산기 알고리즘 도식도

리모델링 사업은 복합적인 문제 해결 능력이 필수입니다. 리어는 사업 전략 경험과 설계 경험, 시공 경험을 통한 통합적인 사고를 통해 가장 효과적인 해법을 내놓을 수 있으며, 이 과정에서 축적된 데이터를 통해 더 나은 서비스를 만듭니다.

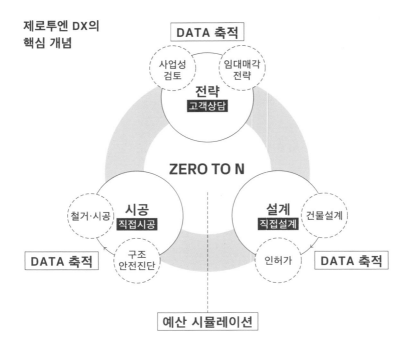

제로투엔 DX의 핵심 개념

DATA 축적

사업성 검토 · 임대매각 전략

전략
고객상담

ZERO TO N

시공
직접시공
철거·시공 · 구조 안전진단

설계
직접설계
건물설계 · 인허가

DATA 축적

DATA 축적

예산 시뮬레이션

　　건축주는 리모델링 프로젝트를 진행하고 싶은 대지의 주소만 리어에 입력하면 손쉽게 예산을 알아볼 수 있습니다. 엘리베이터 증축 여부, 창문의 등급 등 다양한 변수를 조정하여 총 1,800여 가지에 해당하는 경우의 수를 대입할 수 있고, 이 중 가장 적합한 방법을 추천받을 수 있기까지 합니다. 건축주가 더는 인터넷에 떠도는 '평당가'로 셈한 수준의 모호한 사업계획이 아닌 마치 금융상품을 고르듯이 명확하고 정확하게 사업계획을 할 수 있게 되는 것이지요.

　　두 번째 주요 기능은 DX를 통한 스마트 현장관리입니다. 공정별 스케줄을 데이터화하는 전문 인원이 현장에 투입돼 이를 본사 인력이 피드백할 수 있는 선순환 과정을 서비스합니다. 현장에서 반입되는 모든 자재는 실시간으로 데이터화되어 공유되고 돌발 상황이 발생하면 즉각 시뮬레이션해 최선의 공사 일정을 조율합니다. 마치 실시간 도로 상황을 파악해 최적 경로를 안내해주는 내비게이션처럼 말이죠.

또한 CCTV를 다각도에 설치하여 살아 있는 현장의 데이터를 소비자와 본사에 공유하고 정보화합니다. 모든 작업 내역은 하루 단위로 기록돼 소비자에게 전달되지요. 현장에서 만들어진 즉각적인 디지털 정보를 추적 관리하면 리모델링 사업 진행의 예측 불가능성을 획기적으로 줄이고 안전사고까지 예방할 수 있습니다.

세 번째로, 여러 리모델링 사업 주체가 만나는 장이 되어 디지털데이터 관리를 일원화합니다. 제로투엔은 사업계획, 설계, 시공, 건물 운영 모든 서비스를 통합적으로 제공합니다. 여러 사업 주체의 디지털 적응도 향상을 기다리는 것이 아니라, 직접 선제적으로 모든 분야의 디지털 전환을 만들고 구체적으로 적용합니다. 리모델링 수요자가 제로투엔을 통해 사업성 검토를 하고, 설계 작업 동안에도 설계사와 시공사가 공사 예산을 조율하게끔 하고, 제로투엔의 시공 엔지니어가 실제로 디자인을 구현

제로투엔이 개발한 리어 웹사이트(reer.kr)의 홈페이지

할 뿐만 아니라 제로투엔의 PM들과 전체 일정과 사업 엑시트 계획을 함께 세웁니다. 창구가 일원화되니 프로젝트 일정을 단축하고, 사업비를 절감하고, 나아가 책임 소재를 통일해 분쟁의 여지를 줄이고 만족도를 높입니다.

네 번째로, BIM&디지털 트윈 시스템을 통한 설계입니다. 리모델링은 기존 구조체를 사용한다는 점이 신축과 구별됩니다. 총 공사비에서 골조 비용을 제외할 수 있다는 장점이 있지만, 기존 골조를 기반으로 설계를 한다는 것은 매우 섬세한 기술력이 필요한 일이죠.

제로투엔 설계팀은 본격적인 설계 과정 전 BIM기술을 통해 기존 골조를 3D 모델링 데이터화합니다. 이 데이터를 기반으로 설계하기 때문에 더 디테일하게 자재 발주를 할 수 있고 무수한 시공 시뮬레이션을 진행해 현장에서 일어날 수 있는 문제 및 간섭을 미리 예측하고 대응할 수 있습니다.

또한, 이 데이터를 활용해 실제처럼 보이게 하는 디지털 트

제로투엔이 개발한 리어 웹사이트(reer.kr)의 견적 옵션 화면

원 과정을 진행합니다. 건물이 지어졌을 때의 모습을 미리 보여주기 때문에 건축주는 건축 재료나 공간 구획에 대한 의사결정이 훨씬 수월해집니다. 이는 추후 임차인을 구할 때에도 준공이 되기 전 공간 현황을 보여주는 자료로도 기능하기 때문에 건물 홍보 기간을 앞당길 수 있는 장점이 있습니다.

제로투엔은 건설산업군이 4차 산업혁명 시대에 발맞출 수 있도록 기술 발전을 이끌 서비스를 제공합니다. 공급자가 아닌 소비자 입장에서 편리한 기술 발전을 우선하여 예산, 디자인, 현장, 사후 관리 모든 측면에서 디지털 전환을 이끌어갑니다. 한정된 자원과 재료로 최대한의 가치를 만들어내는 것이 핵심인 현대 자본주의 부동산 시장에서 제로투엔은 건물 리모델링을 통한 자산가치 증식을 누구나 쉽고 편하게 이룰 수 있는 환경을 만들 것입니다.

제로투엔 서비스의 특징

제로투엔은 다양한 서비스를 원스톱으로 제공합니다. 이를 위해 전략팀, 설계팀, 시공팀 총 3개의 축으로 구성되어 있지요. 전략팀은 사업 초기 사업성 검토와 임대, 매각 전략을 담당하며, 리모델링 사업의 진행 여부를 결정하는 데 도움을 줍니다. 이후 사업 진행 과정에서는 설계팀과 시공팀이 동시에 투입되어 프로젝트를 진행합니다. 업체 선정 등 불필요한 과정은 삭제하고, 기존의 순차적인 과정과 달리 여러 업무를 동시에 진행하는 입체적인 실행전략으로 최소 3개월의 시간을 단축합니다. 이는 곧 사업비 감축을 의미합니다. 이러한 요소가 리모델링 사업에 얼마나 중요한지 아는 소비자라면 시장에서 제로투엔 서비스의 특장점을 빠르게 알아챌 수 있을 것이라 믿습니다.

1. 쉽고 빠른 리모델링 사업성 컨설팅

대상 건물을 바탕으로 전문적인 리모델링 사업성 컨설팅을 진행합니다. AI진단 결과로 나온 예산을 바탕으로 각종 인허가, 제세공과금, 이자 등 사업에 투입되는 상세 비용을 계산하여 적정 사업비를 확인합니다. 이 과정에서 이 사업이 신축보다 리모델링이 유리한지를 최종적으로 확인합니다.

또한, 부동산 시장은 분기별로 빠르게 변화하기에 정보력이 매우 중요합니다. 제로투엔과 계약을 맺은 서울권의 주요한 공인중개법인 네트워크를 통해 매주 업데이트되는 임대료와 매각 리포트를 확인하여 건물의 층별 용도와 예상 수익, 임대 예상금액 등 최적의 준공 후 예상 시나리오를 계획합니다.

2. 현장측량, 구조안전 진단, 석면조사 과정 일체화

리모델링 과정에서 사업 스케줄에 큰 영향을 미치는 것은 해체심의의 통과 시점입니다. 해체심의가 완료되지 않으면 철거 자체를 진행할 수 없기에 해체심의 신청을 빨리 넣는 것이 사업기간 단축의 핵심입니다. 일반적인 리모델링의 과정과 비교하면 부동산 계약을 완료한 후 건축주는 현장 측량과 구조안전 진단 그리고 석면조사 업체를 각각 연락을 취해 작업을 요청합니다. 이후 설계사무소에 의뢰해 자료를 전달하며 해체심의 신청을 요청할 것이고요.

이와 차별되는 제로투엔 프로세스는 사업 초기에 해당 리모델링 공사를 진행할 시공팀이 직접 투입되어 기존 건물의 진단과 조사를 총괄하여 진행합니다. 건축주는 각각의 업체에 일일이 연락할 필요가 없으며, 해체심의에 필요한 서류를 일괄로 전달받아 해당 관공서에 신청만 하면 됩니다.

이 과정을 통해 약 1~2개월의 시간을 단축할 수 있습니다.

공사를 진행할 시공팀 주관으로 현황측량, 구조안전 진단, 석면 조사를 진행하기 때문에 공사 전 현황을 면밀히 파악하는 기회 가 되지요.

3. 개발 이익 극대화를 위한 전략적 설계

제로투엔은 보기에만 아름다운 디자인이 아닌, 최대 매각 이익, 최대 임대 수익을 확보하는 전략적 디자인을 제안합니다. 작가 주의의 설계사무소처럼 고정된 디자인 스타일을 고수하지 않고, 동일한 제한 내 최대 면적과 최대 볼륨을 확보하고, 임대 최 적화 등 리모델링을 통한 최대의 자산 증대 전략으로 전략적인 심미성을 추구합니다.

리모델링에서 핵심은 어떤 증축 전략을 계획하는지 입니다. 앞선 사업성 컨설팅 과정에서 증축 가능 여부를 확인했다면, 증축 가능한 연면적이 투입 비용 대비 얼마만큼의 임대료를 얻을 수 있는지 확인하여 최적의 방식을 선택합니다. 분데스 언주는 직접 매입하여 리모델링을 진행하였습니다. 해당 건물은 각 오피스당 발코니를 추가 설치하는 수평 증축 방식을 선택하였으며, 각 오피스의 환경 개선으로 더 높은 임대료를 받을 수 있었습니다.

또한, 제로투엔은 그동안 축적된 노하우를 바탕으로 하므로 임대가 잘나가는, 매각이 잘되는 디자인을 전략적으로 산출해냅니다. 가능한 한 밝은 계열의 외장재를 사용하고, 밤 시간에도 눈에 띌 수 있는 간접조명을 외부에 설치합니다. 용적률에 포함되지 않는 가벽을 사용하여 옆 건물보다 높아 보이게 하는 것도 하나의 전략이 될 수 있습니다.

4. 설계-시공 통합서비스

제로투엔은 설계와 시공의 통합서비스를 제공해 사업비 감축과 책임 일원화를 이뤄냅니다. 일반적인 설계, 시공 분리 발주 방식은 설계도를 3~4개의 후보 시공사에 보내 견적을 받은 후 최저가인 회사를 고르는 입찰 과정을 따릅니다. 이는 설계자와 시공자 간 견제를 통해 투명한 공사가 가능하다는 장점이 있지만 문제가 발생할 때 책임이 불명확하며, 견적 기간을 거쳐야 하기 때문에 한 달 정도의 시간이 추가로 소요됩니다. 결론적으로는 문제 발생 시 소비자가 피해를 볼 수밖에 없는 방식입니다. 설계와 시공의 통합서비스를 통해 리모델링 과정 중 모든 문제에 대한 책임을 일원화합니다. 준공 후 건물에 하자 발생 시 건축주는 설계의 문제인지 시공의 문제인지 판가름하느라 애쓰지 않고 리어와 소통하면 됩니다.

또한, 설계와 시공이 통합되어 있으므로 불필요한 도면 자료를 만드는 과정을 삭제하고, 시공사 입찰 과정을 줄이므로 사업기간을 획기적으로 줄일 수 있습니다. 특히, 변수가 많은 리모델링 사업에서 변수에 대한 대응은 설계와 시공 통합 방식이 유리하게 작용합니다. 과정이 불투명할 수도 있다는 걱정은 위에 언급한 스마트 현장관리라는 측면이 해소해 줄 것입니다.

5. 통합 PM 서비스

리모델링 과정은 인허가부터 철거, 골조 및 내외장 공사, 사용승인까지 대략 1~2년이 걸리는 아주 긴 여정입니다. 신축과 달리 리모델링은 기존 건물의 일부를 철거한 골조를 이용하기 때문에 예상치 못한 변수가 생기기 마련입니다. 이때 필요한 건 원활한 해결을 이끌어줄 제로투엔만의 PM(Project Management) 서비스지요.

PM 서비스는 다양한 변수에 대해 설계팀과 시공팀과 소통하며 최적의 해결책을 찾아내 사업 스케줄에 영향이 없도록 합니다. 또한, 사업비를 조금이라도 줄일 수 있는 VE 방안을 제시합니다. 주기적인 시공팀과의 현장 미팅으로 공사비용을 줄일 수 있는 요소를 찾고 더 나은 실행계획을 제안합니다. 나아가 어느 시점에서 자금을 조달해야 하는지, 금융권 대출이 어느 정도로 실행될 수 있을지, 준공 후 건물의 매각가치와 매각시점은 어떻게 설정하는 것이 좋을지 등 금융 흐름 스케줄부터 사용승인, 사업 엑시트 전략까지 다양한 정보를 제공합니다.

6. LM 서비스

완공 후에는 성공적인 임대차 계약을 돕는 LM 서비스를 진행합니다. 리모델링 사업은 외형적인 건물 준공이 아닌 계획한 금융 흐름이 실제로 생길 때 완료됩니다. 이를 위해서는 공실 없이

예산서		REER
		2024-07-12

요약		
대지위치	서울 강남구 역삼동 OOO-O	
프로젝트기간	11개월 ~ 13개월	
설계기간	5개월 ~ 7개월	
시공기간	5개월 ~ 7개월	
예상 공사비 (부가세 별도)	21억4541만원 ~ 23억7124만원	
토지면적	250.90㎡ (75.90평)	
연면적	1,184.91㎡ (358.44평)	
공사선택옵션	증축공사 / 레이아웃유지 / ELEV리폼 / 외장마감: 롱브릭타일 / 창호: 스탠다드 / 인테리어: 라이트 * 준공 후 건물관리는 별도 문의	

| 기타 | · 공사기간은 공사 내용에 따라 상이합니다.
· 견적서 외 추가 사항에 대해서는 추가 공사비가 발생합니다.
· 견적서 유효기간 : 견적일로부터 7일
· 본 예산서의 금액은 프로젝트의 상황에 따라 ±5%의 차이가 발생할 수 있습니다 | |

제로투엔이 개발한 리어 웹사이트(reer.kr)의 리포트 화면

모든 층에 임차인이 들어와야 하죠. 하지만 요즘 임대차 시장이 만만하지 않습니다. 실수로 잘못 받은 임차인 때문에 건물 전체의 이미지가 손상되고 장기적으로 임대료가 하락할 위험도 있습니다. 리어에서는 이런 리스크를 해결할 수 있는 LM 서비스를 제공합니다. 협력 공인중개법인 네트워크를 활용해 최적의 임차인에게 제안서를 송부하며, 각 임차인과 소통하며 진행 상황을 공유합니다.

더불어 분기별, 계절별 알림과 같은 유지관리 서비스를 제공합니다. 하나의 건물은 수백 개의 급배수관, 가스관, 전기배관 등이 혈관처럼 지나는 생명체와 같습니다. 이 배관 중 한 개라도 문제가 생기면 건물은 제 기능을 못 하게 됩니다. 아쉽게도 이 설비배관들은 처음 준공된 상태 그대로 존재하지 못하여 사람의 관리가 필요합니다. 우선 리모델링이 완료된 이후 2년 동안은 분기별 모니터링을 통해 직접 유지·관리하는 방법을 현장에서 알려드립니다. 이 이후로는 분기별, 계절별로 관리해야 하는 체크리스트를 제공하고 미리 알림을 드립니다. 낙엽에 의해 막힐 수 있는 집수정, 혹한기에 영향을 받는 급수관 등 리어가 축적한 데이터에 기반한 유지관리 목록을 통하여 리모델링을 완료한 그 상태를 오래 유지할 수 있도록 지원합니다.

끝으로 앞으로 DX가 바꿀 수 있는 다양한 서비스를 전해드리겠습니다.

1. Urbint (USA)

근로자와 중요 인프라에 대한 위협을 예측하여 사고가 발생하기 전에
예방합니다.

출처: Urbint

2. Buildots (Israel)

https://buildots.com/

건설 현장을 데이터 기반 디지털 환경으로 전환하는 데 특화되어 있으며,
인공 지능 컴퓨터 비전 기술을 활용하여 건설 비효율성을 해결하고
있습니다.

출처: Buildots

3. Dusty Robotics (USA)　　https://www.dustyrobotics.com/

건설 인력을 대체할 수 있는 로봇을 개발합니다. 먹매김 작업(도면내용을
현장에 적용)을 수행할 수 있는 필드프린터가 주요 로봇입니다.

4. Canvas (USA)　　https://www.canvas.build/

건설 노동자가 직접 하기 위험한 작업을 대신 할 수 있는 로봇을
개발합니다.

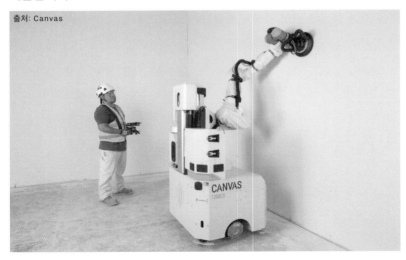

5. Attentive (India)

https://attentive.ai/

지리 공간 이미지를 분석하고 정확한 통찰력으로 변환하는 인공지능 시스템을 개발합니다.

위성, 항공, 거리 및 드론 이미지에서 추출한 2D 및 3D 벡터 데이터를 지리 공간 기술 공급업체와 최종 사용자에게 제공합니다.

출처: Attentive

Surfaces		Area (sqft)
◎ Concrete	▾	231,315
◎ Asphalt	▾	523,461
◎ **Edges**		**Length (ft)**
◎ Crack	▾	20,017
◎ Parking Stall Strip	▾	42,027
◎ Stop Bar Strip	▾	169
◎ Other parking Strip	▾	213
◎ Cross Hatching	▾	10,728
◎ **Points**		**Count**
◎ Handicapped Parking ▾		118
◎ Regular Parking Stalls ▾		1,220
◎ Directional Arrow	▾	59

리어(REER) 활용 팁

REER 바로가기

REER는 데이터 기반 솔루션을 통한 리모델링의 새로운 방식입니다.
내 건물 리모델링 예산, 주소만 입력하면 최적의 사업성을 분석해드립니다.

솔루션 1. 증축 가능 확인
국토부 부동산 데이터를 분석하여 증축 가능 여부를 확인합니다.

솔루션 2. 예상 사업비 확인
자체 건설 데이터를 통하여 리모델링 예산을 알려드립니다.

솔루션 3. 리모델링 Vs. 신축
시뮬레이션을 통해 최적의 사업 방식을 찾아드립니다.

사업성 검토 보고서 샘플

역삼동
OOO-OO
번지
BUSINESS PLAN

2024. 06. 24

→

Address.
강남구 봉은사로 151 7F

Tel.
02-2138-2838

E-mail.
a@zero-to-n.com

REER

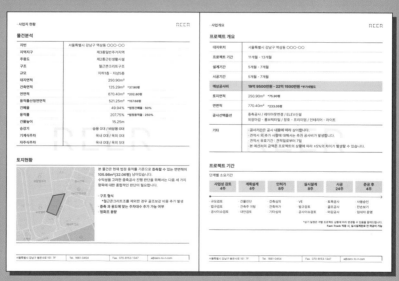

· 사업지 현황 · REER

물건분석

지번	서울특별시 강남구 역삼동 OOO-OO
지역지구	제3종일반주거지역
주용도	제2종근린생활시설
구조	철근콘크리트구조
규모	지하1층 · 지상5층
대지면적	250.90m²
건축면적	125.29m² *37.90평
연면적	670.40m² *202.80평
용적률산정연면적	521.25m² *157.68평
건폐율	49.94% *법정건폐율 : 50%
용적률	207.75% *법정용적률 : 250%
건물높이	15.25m
승강기	승용 0대 / 비상용 0대
기계식주차	옥내 0대 / 옥외 0대
자주식주차	옥내 0대 / 옥외 5대

토지현황

본 물건은 현재 법정 용적률을 기준으로 증축할 수 있는 연면적이 **105.98m²(32.06평)** 남아있습니다.
수익성을 고려한 증축공사 진행 판단을 위해서는 다음 세 가지 항목에 대한 종합적인 판단이 필요합니다.

- 구조 형식
*철근콘크리트를 제외한 경우 골조보강 비용 추가 발생
- 증축 과 용도에 맞는 주차대수 추가 가능 여부
- 정화조 용량

· 사업개요 · REER

프로젝트 개요

대지위치	서울특별시 강남구 역삼동 OOO-OO
프로젝트 기간	11개월 - 13개월
설계기간	5개월 - 7개월
시공기간	5개월 - 7개월
예상공사비	19억 9500만원 - 22억 1500만원 *부가세별도
토지면적	250.90m² *75.90평
연면적	770.40m² *233.06평
공사선택옵션	증축공사 / 레이아웃변경 / ELEV신설 외장마감 · 용변독타일 / 창호 · 프리미엄 / 인테리어 · 라이트
기타	· 공사기간은 공사 내용에 따라 상이합니다. · 견부서 외 추가 시행에 대체서는 추가 공사비가 발생합니다. · 견적서 유효기간 : 견적일로부터 7일 · 본 예산서의 금액은 프로젝트의 상황에 따라 ±5%의 차이가 발생할 수 있습니다.

프로젝트 기간

단계별 소요기간

사업성 검토 4주	계획설계 4주	인허가 8주	실시설계 8주	시공 24주	준공 후 4주
규모검토 법규검토 공사비검토	건물진단 건축측 과정 대안검토	건축심의 건축허가 기타심의	VE 법규검토 공사이슈검토	토목공사 골조공사 마감공사	사용승인 잔손보기 임대차 운영

*상기 일정은 개별 프로젝트 상황에 따라 변경될 수 있음을 알려드립니다.
Fast-Track 적용 시, 실시설계완료 전 착공이 가능

리모델링 공사 개요

	리모델링 전	리모델링 후	증감
규모	지하 1층 · 지상 5층	지하 1층 · 지상 6층	
대지면적	250.90m²	250.90m²	
건축면적	125.29m²	125.29m²	
연면적	670.40m²	770.40m²	100m² ▲
용적률산정연면적	521.25m²	621.25m²	100m² ▲
건폐율	49.94%	49.94%	
용적률	207.75%	247.61%	
주차	5대	6대	
승강기	0대	ELEV신설	

용도별 면적

	전용면적	공용면적	합계
근린생활시설	639.43m²	130.97m²	770.40m²
업무시설	0m²	0m²	0m²
합계	639.43m²	130.97m²	770.40m²

주차대수 산정

	시설면적	산정기준	법정대수
근린생활시설	770.40m²	134m² 당 1대	6대
업무시설	0m²	100m² 당 1대	0대
합계	770.40m²		6대

리모델링 공사비 상세 예산서

구분		금액	금액 비율
직접공사비		1,652,819,625원	100%
	건축공사	1,366,727,733원	83%
	가설공사	114,574,160원	7%
	철거공사	78,120,400원	5%
	구조공사	303,267,325원	18%
	외부마감공사	196,552,400원	12%
	습식공사	195,391,495원	12%
	건식공사	233,121,800원	14%
	인테리어공사	164,413,953원	5%
	기타외부공사	81,286,200원	10%
	설비공사	186,371,316원	11%
	전기공사	99,720,576원	5%
간접공사비		306,423,232원	
일반관리비 및 이윤		141,316,078원	
예상공사비		**19억 9500만원 - 22억 1500만원**	*부가세별도

※ 본 금액은 설계비를 제외한 시공비 예상입니다.

리모델링 사업 비용 상세 *공사비 포함

		금액	수행	계약 및 청구 시기	비고
설계	설계용역비	87,300,000원	설계	프로젝트 착수 시	구조,전기,통신,소방설계 포함
	현황측량	1,000,000원	토목	-	측량업체 직계약
	경계측량측량 수수료	1,000,000원	LX	계획설계중	LX 신청
	구조안전진단	5,000,000원	구조	-	구조업체 직계약
	허가수수료 및 등록면허세	100,000원	설계	허가 접수 완료시	
	설계 합계	**94,400,000원**			
감리	건축 감리	29,100,000원	설계	시공계약 체결 시	업체 직계약(건축, 구조 통합)
	해체 감리	20,000,000원	설계	착공신고 시	업체 직계약
	토목 감리	0원	토목	-	해당 현장시 필요
	소방 감리	0원	소방	-	해당 현장시 필요
	전기 감리	0원	전기	-	해당 현장시 필요
	통신 감리	0원	토목	-	해당 현장시 필요
	감리비 합계	**49,100,000원**			
해체공사	철거공사비	78,120,400원	철거	계획설계 중	인테리어 철거 제외
	해체계획서 작성 및 인허가	7,000,000원	철거	-	본점거 공사 운영 포함
	석면조사	700,000원	철거	-	철거업체 직계약
	비면철거해체비	0원	철거	-	비면철거시
	해체공사 합계	**85,820,400원**			
건축공사	건축공사비	1,267,086,533원	시공	시공계약 체결 시	시공공통비
	설비공사비	186,371,316원	시공	-	
	전기공사비	99,720,576원	시공	-	
	토목공사	0원	시공	-	
	간접공사비	302,503,048원	시공	-	
	일반관리비 및 이윤	139,476,050원	시공	-	
	안전기술지도 계약	0원	안전	착공신고 시	구청 지정 업체
	안전관리계획서 수립	0원	안전	-	
	발기 안전점검	0원	안전	착공신고 후	착공 150만원 예상, 2회
	건축공사 합계	**1,995,157,521원**			
	기타비용 공사비(2%)	41,500,000원		-	상수도, 도시가스, 전기 등
	기타비용 공사비 합계	**41,500,000원**			
사업 총예산		**21억 5200만 - 23억 7900만원**			*부가세별도

*해당 비용은 분석의 실명 수행사의 데이터를 바탕으로 작성된 예상 사업비용으로 협의진 분석시에 변경될 수 있습니다.
*해당 비용은 사업의 협의 및 특수한 상황에 따라 변동 가능합니다.

층별 임대료

	전용면적	공용면적	바닥면적	평당 월세	층별 월세
지상 6층	83.00m² 25.11평	17.00m² 5.14평	100.00m² 30.25평	60,000원	1,510,000원
지상 5층	21.98m² 6.65평	16.52m² 5.00평	38.50m² 11.65평	60,000원	400,000원
지상 4층	93.57m² 28.31평	19.17m² 5.80평	112.74m² 34.10평	60,000원	1,700,000원
지상 3층	101.56m² 30.72평	20.80m² 6.29평	122.36m² 37.01평	70,000원	2,150,000원
지상 2층	101.56m² 30.72평	20.80m² 6.29평	122.36m² 37.01평	90,000원	2,760,000원
지상 1층	103.39m² 31.46평	21.30m² 6.44평	125.29m² 37.90평	150,000원	4,720,000원
지상층 소계	505.06m² 152.96평	115.59m² 34.97평	621.25m² 187.93평	80,000원	12,490,000원
지하 1층	123.79m² 37.45평	25.36m² 7.67평	149.15m² 45.12평	70,000원	2,620,000원
지하층 소계	123.79m² 37.45평	25.36m² 7.67평	149.15m² 45.12평	70,000원	2,620,000원
합계	**629.46m²** **190.41평**	**140.94m²** **42.64평**	**770.40m²** **233.05평**		**15,110,000원**

→ 해당 건물의 전용 면적은 약 190평으로, 해당 면적의 총 임대료는 약 1500만원 입니다.

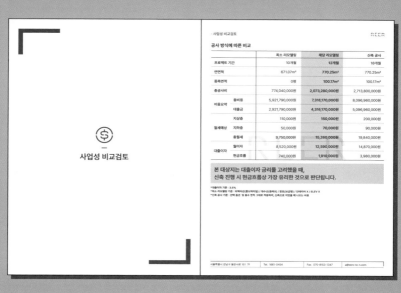

사업성 비교검토

공사 방식에 따른 비교

	최소 리모델링	예상 리모델링	신축 공사
프로젝트 기간	10개월	12개월	18개월
연면적	671.07m²	770.25m²	770.25m²
증축면적	0평	100.17m²	100.17m²
총공사비	774,040,000원	2,073,280,000원	2,713,800,000원
비용요약 총비용	5,921,790,000원	7,316,170,000원	8,096,960,000원
비용요약 대출금	2,921,790,000원	4,316,170,000원	5,096,960,000원
월세예상 지상층	110,000원	150,000원	200,000원
월세예상 지하층	50,000원	70,000원	90,000원
월세예상 총월세	9,750,000원	15,260,000원	19,840,000원
대출이자 월이자	8,520,000원	12,590,000원	14,870,000원
대출이자 현금흐름	740,000원	1,910,000원	3,980,000원

**본 대상지는 대출이자 금리를 고려했을 때,
신축 진행 시 현금흐름상 가장 유리한 것으로 판단됩니다.**

*대출이자 기준 : 3.5%
*최소 리모델링 기준 : 외벽타일(물싸테타일) / 대수선(증축X) / 엘리베이터 X / ELEV X
*신축 공사 기준 : 선택 옵션 및 층수 면적, 그외로 적용하여, 산출으로 작업을 해 나오는 비용

사업성 비교검토

**Online Building Remodeling Platform System.
Vitalization of the Construction Market and Virtuous Cycle.**

온라인 빌딩 리모델링 플랫폼 시스템, REER는 건설시장의 활성화와 선순환을 이끕니다.

ZERO TO N
PROJECT
INDEX

ㄱㄴㄷ 순 정렬

마일스톤
pp.80~81, pp.108~109, pp.130~131,
pp.189~195

위치: 서울특별시 강남구 논현동 86-15 외 1필지
용도: 근린생활시설
규모: 지하 1층, 지상 6층
대지면적: 332.40m²
건축면적: 198.92m²
연면적: 1019.46m²
건폐율: 59.84%
용적률: 249.63%

설계본부: 임지환, 김영훈, 함세진
건설본부: 차민욱, 조재영, 김지훈, 조민성
전략본부: 박성현, 설지수, 배은나

©박영채

부흐발트
p.128

위치: 서울특별시 마포구 망원동 399-7
용도: 제2종 근린생활시설
규모: 지상 4층
대지면적: 203.3m²
건축면적: 121.78m²
연면적: 400.7m²
건폐율: 59.9%
용적률: 197.1%

설계본부: 임지환, 이정민
건설본부: 차민욱, 조재영, 최길호
전략본부: 박성현, 배은나

벨루토
pp.136~137

위치: 서울특별시 강남구 역삼동 791-3
용도: 근린생활시설
규모: 지하 1층, 지상 5층
대지면적: 184.4m²
건축면적: 91.1m²
연면적: 490.68m²
건폐율: 49.4%
용적률: 199.78%

설계본부: 임지환, 서수미, 백은영
건설본부: 차민욱, 채민수, 김태호, 이후룡, 안인규
전략본부: 박성현, 설지수

빌딩온
p.64

위치: 서울특별시 강남구 논현동 191-15
용도: 업무시설

분데스 언주
pp.40~49, pp.120~121

위치: 서울특별시 강남구 논현동 205-5
용도: 업무시설, 근린생활시설
규모: 지하 4층, 지상 8층
대지면적: 752.5m²
건축면적: 403.11m²
연면적: 4,883.52m²
건폐율: 53.57%
용적률: 386.99%

설계본부: 임지환, 임형진, 조영제
건설본부: 차민욱, 김기준, 강인섭, 류효직
개발본부: 최환서, 박성현

신교동
pp.92~93

위치: 서울특별시 종로구 신교동
용도: 근린생활시설
규모: 지하 3층
대지면적: 69.4m²
건축면적: 66.11m²
연면적: 202.33m²
건폐율: 95.2%
용적률: 291.5%

설계본부: 임지환, 한미옥, 김수연
전략본부: 박성현

오블리크
pp.58~59

위치: 서울특별시 서초구 방배동 879-19
용도: 제2종 근린생활시설
규모: 지하 1층, 지상 5층
대지면적: 168.1m²
건축면적: 99.78m²
연면적: 542.52m²
건폐율: 59.36%
용적률: 254.6%

설계본부: 임지환, 김영훈, 박가현, 백은영
건설본부: 차민욱, 이의상, 한장희
전략본부: 박성현, 설지수

완상재
pp.86~87

위치: 서울특별시 강남구 대치동 916-27
용도: 근린생활시설, 도시형생활주택
규모: 지하 1층, 지상 6층
대지면적: 346.80m²
건축면적: 197.31m²
연면적: 858.35m²
건폐율: 56.89%
용적률: 187.75%

설계본부: 임지환, 김두리, 박성현
건설본부: 차민욱, 채민수

웨이브1585
p.66, pp.164~167

위치: 서울특별시 서초구 서초동 1585-7
용도: 제3종 일반주거지역, 도시지역
규모: 지상 5층
대지면적: 247m²
건축면적: 132.44m²
연면적: 492.44m²
건폐율: 49.98%
용적률: 199.37%

설계본부: 임지환, 박석진, 한미옥, 정다연,
진희윤
건설본부: 차민욱, 김기준, 강인섭
전략본부: 박성현

©박두혜

HY빌딩
pp.84~85

위치: 서울특별시 강남구 역삼동 645-9
용도: 제2종 일반주거지역, 도시지역
규모: 지하 1층, 지상 6층
대지면적: 284.4m²
건축면적: 168.7m²
연면적: 936.3m²
건폐율: 59.32%
용적률: 270.73%

설계본부: 임지환, 임형진, 유수현, 정다연
건설본부: 차민욱, 진용조, 이성경
전략본부: 박성현, 배은나

YK빌딩 버티컬 페이스
p.65

위치: 서울특별시 강남구 역삼동 788-10
용도: 업무시설
규모: 지하 4층, 지상 8층 (금회 공사분 - 1층
내외부 리모델링)
대지면적: 1,851.6m²
건축면적: 923m²
연면적: 11,076m²
건폐율: 50%
용적률: 250%

LANDLORD GUIDE Vol.1:
THE RENOVATION

랜드로드 가이드 Vol.1: 리모델링

1판 1쇄 발행 2024년 10월 28일
1판 2쇄 발행 2025년 4월 10일

지은이   임지환·최환서·전기원
발행인   김용각
펴낸이   임지환
펴낸곳   제로투엔건축사사무소종합건설(주)

편집장   심영규
편집   윤솔희, 문연주
디자인   그래픽스튜디오베이스
사진   박다해, 정희석, 김민규

등록   2024년 8월 28일(제2024-241호)
주소   서울 강남구 봉은사로 151 7층
문의   info@zero-to-n.com

ISBN   979-11-989254-0-4
가격   22,000원

책값은 뒤표지에 있습니다.
잘못된 책은 구입하신 곳에서 바꾸어 드립니다.